古 都 穿 越 指 南

Published by arrangement with Thames & Hudson Ltd, London.
Ancient Athens on 5 Drachmas a Day © 2008 Thames & Hudson Ltd,London
This edition first published in China in 2021 by SDX Joint Publishing Company, Beijing
Chinese edition © 2021 SDX Joint Publishing Company

古雅典穿越指南

［英］菲利普·马蒂塞克 著

唐海娇 译

生活·讀書·新知 三联书店

Simplified Chinese Copyright © 2021 by SDX Joint Publishing Company.
All Rights Reserved.
本作品中文简体版权由生活·读书·新知三联书店所有。
未经许可，不得翻印。

图书在版编目（CIP）数据

古雅典穿越指南／（英）菲利普·马蒂塞克著；唐海娇译．—北京：生活·读书·新知三联书店，2021.10
（古都穿越指南）
ISBN 978-7-108-07205-4

Ⅰ.①古… Ⅱ.①菲…②唐… Ⅲ.①雅典（古国）–历史 Ⅳ.① K125

中国版本图书馆 CIP 数据核字（2021）第 142628 号

责任编辑	李　佳
装帧设计	康　健
责任校对	曹秋月
责任印制	徐　方
出版发行	生活·讀書·新知 三联书店
	（北京市东城区美术馆东街22号 100010）
网　　址	www.sdxjpc.com
图　　字	01-2019-5188
经　　销	新华书店
印　　刷	三河市天润建兴印务有限公司
版　　次	2021年10月北京第1版
	2021年10月北京第1次印刷
开　　本	880毫米×1230毫米　1/32　印张5
字　　数	106千字　图76幅
印　　数	0,001-4,000 册
定　　价	59.00 元

（印装查询：01064002715；邮购查询：01084010542）

图1:神色庄重而安详的雅典娜女神像(Athena Parthnos)。她还是常见的形象,头戴战盔,手持盾牌,不过手里没拿长矛,而是用伸出的手托着胜利女神维克里亚(Victoria)。这尊神像位于帕特农神庙中,用黄金和象牙打造而成,在雅典城的众多雅典娜女神像中最为有名

图2：阿波罗乘着狮身鹰首兽驾驶的战车，从西北面驶来所看到的雅典。雅典城中密集的房屋与阿提卡地区遍布的卡其色和橄榄绿色村落形成了鲜明的对比，卫城和帕特农神庙在其中非常显眼

图 3：正在举办"泛雅典娜节"（Panathenaia）的卫城景象。雅典人从卫城山门涌入，雅典娜胜利女神庙在右侧俯视着他们。参加庆典的人进入山门后，在左前方看到的是伊瑞克提翁神殿，在右前方看到的是引人注目的帕特农神庙

图4：从卫城上看到的阿果拉全景。泛雅典娜大道穿过十二神祭坛、宙斯柱廊和皇家柱廊，右侧是绘画柱廊。大道朝远处的迪普利翁门和神圣门延伸开去，后面的山上坐落着赫菲斯托斯神庙

图5：阿果拉西南角景观，可以看到圆庙别具一格的"太阳帽"，还有庙顶上独特的菱形瓦片。旁边是议事厅，后面是赫菲斯托斯神庙

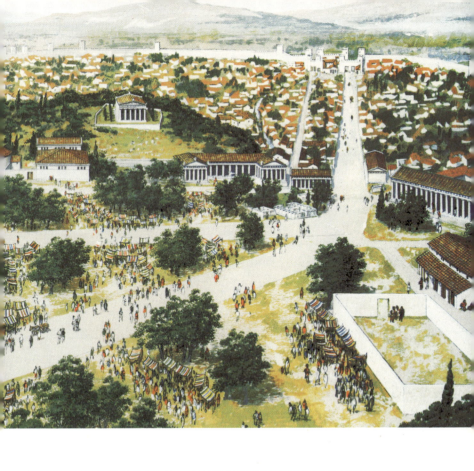

图6：近距离观察卫城时会发现，卫城所在的这座山不仅是一个庙宇群，还是一个强大的堡垒。它的山坡极为陡峭，想到达卫城山门，必须经过这个斜坡。在半个世纪前，雅典守军正是在这座山上与波斯人展开了一场殊死搏斗。波斯人毁掉了卫城的神庙，这些神庙后来被雅典人重建了，比以前更加宏伟辉煌

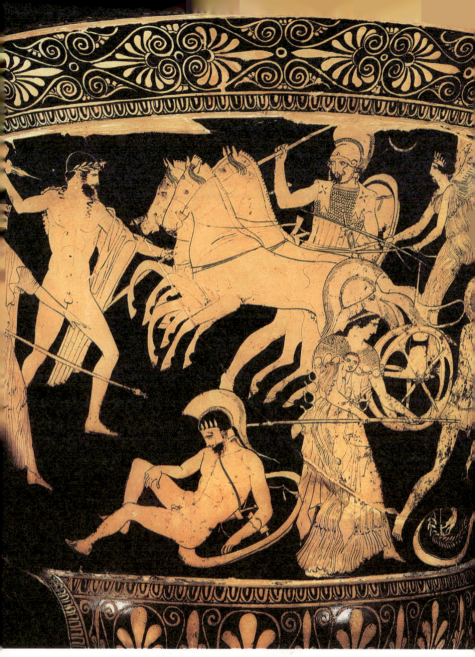

图7：奥林匹斯山众神与巨人们展开了一场关于理智和秩序对战非理性和混乱的永恒之战。雅典娜（中间）手持牢不可破的盾牌战斗着，而众神之后赫拉也在用长矛杀敌。在赫拉旁边，宙斯正准备再向敌军发出一次雷霆之击

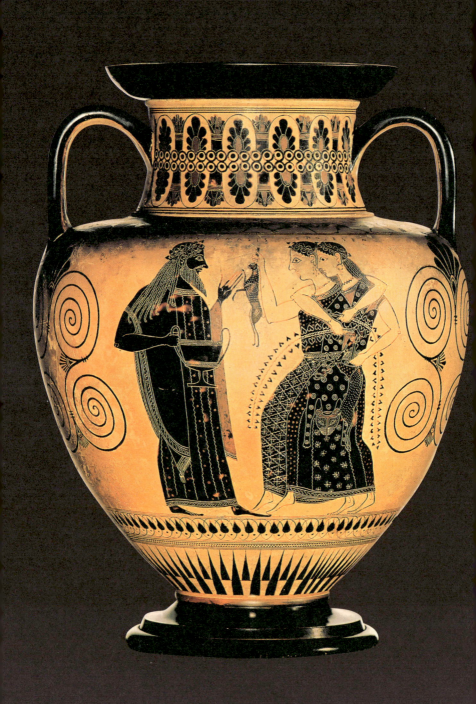

图8（前页左图）：狄俄尼索斯紧握着一个"康塔罗斯杯"（一种巨大的酒杯），从他的两名女祭司手里接过被献祭的野兔和小鹿。他的女性追随者面色苍白，与狄俄尼索斯的黝黑皮肤对比鲜明。她们的手里还分别拿着一根典型的常青藤枝

图9（前页右图）：忒修斯和波塞冬握手。在争当雅典保护神的战斗中失利的波塞冬踩着一个用小海豚装饰的脚踏板。忒修斯站在他面前，衣着朴素。这种喷口杯在市场上能卖个好价钱，因为它出自著名的艺人、瓶画师希利斯科斯（Syriskos）之手

图10：在雅典娜送给她的子民的礼物中，最受喜爱的是橄榄树。图中描绘着在橄榄收获的季节，一个人爬上树，将树枝折弯，方便另外两个人用手里灵活的长棍将橄榄打下来，再由第四个人负责收集掉落下来的果实

图11（右图）：雅典娜饶有兴趣地看着勇敢的伊阿宋（Jason）被一条龙吐出来。她戴着头盔，拿着长矛，手里没拿盾牌，而是抱着一只猫头鹰。她穿的胸甲上嵌着戈耳工（蛇发女妖）的头，可以让她免受伤害，所以盾牌并不是必需的

图 12：如果想要豪饮，就应该买个能匹配的杯子。图中杯子上的赫拉克勒斯位于酒杯的底座，双目凝视。他头上戴着有一圈獠牙的狮子皮，还有皮在脖子上打了个结。这张皮是赫拉克勒斯从可怕的涅墨亚（Nemean）猛狮身上剥下来的。杀死这头狮子是他的"十二大功绩"之一

图 13（右图）：两名身着戏服的萨堤尔剧演员。一名演员正注视着自己的面具，而另一名扮演赫拉克勒斯的演员已经装扮上了狮子皮，拿起了棍棒

图14：母亲和儿子。雅典娜倾身从大地之神盖亚那里接过婴儿厄里克托尼俄斯。赫菲斯托斯企图非礼雅典娜未遂，精液滴在女神的腿上，被女神用一块羊毛擦掉扔在了地上，于是厄里克托尼俄斯就诞生了。厄里克托尼俄斯后来做了国王，也成了让所有雅典男人引以为荣的祖先

希腊妇女们站在神庙门廊的石柱间

目 录
CONTENTS

一 前往雅典 / 1
温泉关 & 德尔斐 & 阿提卡 & 马拉松

二 比雷埃夫斯（Piraeus）/ 22
港口 & 比雷埃夫斯人 & 长墙

三 辨别方位 / 38
四处转转 & 住到哪里 & 雅典社会

四 雅典人的休闲活动 / 53
阿卡德米学园 & 斗鸡和小酒馆 & 购物 & 货币

五 雅典名人 / 68
海柏波拉斯 & 伯里克利 & 苏格拉底 & 修昔底德 & 菲狄亚斯 & 索福克勒斯 & 阿里斯托芬

六 活动 / 84
上午到普尼克斯山参加公民大会 & 下午到剧场看戏剧 & 晚上去参加会饮

七 众神之城 / *106*

赫菲斯托斯和他的朋友们 & 雅典娜和泛雅典娜节
& 厄琉息斯秘仪 & 巫术和迷信

八 人生大事之仪式 / *122*

服兵役 & 葬礼 & 婚礼

九 必看景点 / *130*

在阿果拉：议事厅 & 圆庙 & 皇家柱廊 & 宙斯柱廊
& 骑兵指挥官室 & 绘画柱廊 & 南柱廊
在雅典卫城：山门 & 伊瑞克提翁神庙 & 帕特农神庙

作者附言 / *151*

插图出处 / *152*

一 前往雅典

温泉关 & 德尔斐 & 阿提卡
& 马拉松

温泉关（Thermopylae）

希腊的空气非常纯净。幸运的游客在远处的马利亚（Malia）海湾就能看见通向雅典的道路起点。那里的俄塔（Oeta）山在云雾缭绕中若隐若现，向西南蜿蜒而去。山前是温泉关峭壁，守卫着通向希腊南部的大门。

靠海的峭壁后面屹立着1200多米高的卡利兹罗蒙（Kallidromon）山。现在正值春季，山的缓坡上，橡树林呈现出清新宜人的绿色。这里就是开启雅典之旅的起点。在大约30年前，曾有一名

旅行中的夫妇。他们光脚走在路上，有些雅典人一辈子都不穿鞋

骑士。长矛固然可以防身，但结伴穿过荒原才是明智之选

游客也到过希腊，还在这个名副其实的"温泉关"受到了"热烈欢迎"。他就是波斯国王薛西斯一世（Xerxes）。他曾率领千军万马来到古希腊，也正是在这里遭受了入侵希腊的第一次挫败。希波战争缔造了公元前431年那个充满无限可能的古城雅典，其中最著名的战役之一就是温泉关战役。这片海岸也是列奥尼达（Leonidas）和300名斯巴达勇士的英魂安息之地。因此，从这里开始雅典之旅再合适不过了。

第一站先要在安西利（Anthela）的狭长海滩上完成艰难的靠泊。安西利是藏在温泉关"西门"峡谷峭壁下的一个小村庄。温泉关由三条狭窄通道组成，在峭壁和大海之间，自西向东延伸，"西门"就是其中最西边的通道。我们得先去找个住处。温泉关战役虽然已经过去40多年了，但这里依然吸引着大量游客，其中不乏很多表情严肃的长发绅士前来祭奠祖先。斯巴达国王列奥尼达在出征前就已经料到，他和300名斯巴达勇士将要奔赴的会是一场有去无回的战役，所以他挑选的勇士都有后代延续香火。在宝贵的几天时间里，斯巴达勇士们挡住了薛西斯的千万大军，为其他希腊同胞疯狂备战赢得了时间。如果这300名斯巴达勇士的后代愿意的话，完全可以讲讲这个在寡不敌众的形势下，与敌军决一

> 如果你跟斯巴达人聊天，开始会觉得他太不健谈，甚至有点木讷。最后却发现，他竟像个技艺娴熟的弓箭手，说话简明扼要，倒让你觉得自己显得幼稚。
>
> ——柏拉图（Plato）·《普罗泰戈拉》（Protagoras）·342

死战的震撼故事。但他们可能不会这样做，因为斯巴达人是出了名的少言寡语。其实"少言寡语"（laconic）这个词就是为他们量身打造的，意思是"来自拉科尼亚（Lakonia）的"，那里曾是斯巴达人聚居的地方。

温泉关的探索之旅应该从安西利的西边开始，那里有斯佩依海依河（Sperchios），在特拉客斯峭壁（Trachinian）附近奔流入海。后面是俄塔山，传说赫拉克勒斯——罗马人叫他海格力斯——在完成著名的"不可能完成的任务"之后就葬身于此。有人说他是列奥尼达的祖先，在火葬他的柴堆上，能清楚地看到温泉关，还有列奥尼达的最后一战。斯佩依海依河与更小的阿索波斯河（Asopus）之间有个小平原，曾是波斯大军安营扎寨的地方。薛西斯坐镇观战的小山冈离这里很近，他看到波斯大军被斯巴达人打得节节败退，震惊又愤怒，不时地从座椅上跳起来。

温泉关战役的战火蔓延到安西利更东

温泉关史实

在过去的千年里，"温泉关"经历过多次激烈的战斗，但它其实是因为附近的热涌泉而得名，与那些战斗场面无关。

＊＊＊＊

在温泉关战役中，有两名斯巴达勇士幸存下来。其中一名勇士因此感到羞耻，不久后便自杀身亡了。

＊＊＊＊

每逢大战前，斯巴达人都会疯狂地梳洗头发。

＊＊＊＊

温泉关战役后，报复心极强的薛西斯命人将列奥尼达的头颅挂在一根木杆上示众。

＊＊＊＊

在参加温泉关战役的希腊军队中，还有400名底比斯人（他们投降了）。

边的地方，卡利兹罗蒙山的小山脊将通道拓宽到27米左右。在这个温泉关的"中门"，有一处断壁曾是希腊军队的防御据点。他们在战斗失利后便向东撤退，最后在一处矮山上奋战至死。那里至今还矗立着一座石狮子纪念碑，上面记载着他们的事迹。

再往东走就能看到温泉关"东门"附近矗立的三根大理石柱。第一根石柱上刻着纪念先知美吉司提亚斯（Megistias）的铭文。他预见到了灾祸，但仍选择与300名斯巴达勇士共存亡。这段铭文是美吉司提亚斯的朋友，伟大的悲情诗人西蒙尼戴斯（Simonides）所作。西蒙尼戴斯在温泉关战役后一直在雅典生活，并于20年后去世。

> 这里长眠着伟大的美吉司提亚斯，
> 他击杀了刚从斯佩依海侬河浅滩上袭来的美地亚人。
> 这位智慧的先知明知死亡将至，
> 但仍甘愿为斯巴达的大业献身。
> ——西蒙尼戴斯

第二根石柱上的铭文是为纪念参加温泉关战役的所有希腊将士们所作，上面写着"4000名勇士，抵挡了数百万敌军"。第三根石柱上的铭文是为纪念列奥尼达和他的勇士们所作，上面写着这样一段简洁的文字，"去吧，旅行者们，去告诉斯巴达人，我们阵亡于此地，未辱使命"。

在看过这些遗迹后，如果还有时间，可以顺着卡利兹罗蒙山上的一条蜿蜒小径折回去，到另一个地方去看看。这条小径名叫阿罗培亚（Anopaea），与它穿过的小山和沿着它汇入大海的小河同名。在这条小径上，你可以踏寻5000名波斯长生军的足迹，他们曾在这里采用侧面包抄战术歼灭了列奥尼达的军队。让人感到有点意外的是，在这个庄严的悲剧背景下，温泉关之旅的终点竟是一块被当地人叫作"黑屁股"的光滑岩石。

回到安西利村庄后，你需要去买一头驴，并在行囊里装上一件长袍（古希腊人在穿着上不怎么讲究，奉行极简主义。有些希腊旅行者全身上下就只穿一件叫作"希玛顿"的长袍）。你还需要一双结实的靴子、一顶宽檐帽，还有能供你从这里到德尔斐的干粮。你也该去见识一下希腊的道路了。你看过之后就会明白，为什么聪明的旅行者都会尽量走海路。

德尔斐（Delphi）

这条路（姑且将这条蜿蜒的山间小径称为路吧）一直往正南方向延伸，沿路可以抵达传说中宙斯（Zeus）放出神鹰所找到的世界中心。这里屹立着巍峨的帕尔纳索斯（Parnassus）山，它面朝科林斯（Corinth）湾，俯瞰着脚下广阔的田野和橄榄林。这里还住着阿波罗神（Apollo），他通过德尔斐的女先知向人们传达神谕。还是在这片神奇的土地上，这条路就在德尔斐前面分成了三条岔路。俄狄浦斯（Oedipus）就是在这里碰见了自己的父亲，并在不明真相的情况下杀了他。

看过德尔斐的路，你很快就能明白我为什么会建议你穿一双结实的鞋，并买一头驴驮行李。帕尔纳索斯山海拔1600多米，陡峭的山路崎岖不平。在古希腊灭亡几百年后，作家帕萨尼亚斯

（Pausanias）走这条路时还在抱怨，"即便是身体健康，体力很好的人，走这条路也很艰辛"。不过，旅途的艰辛是值得的，因为德尔斐就坐落在这山麓的月桂林间。这里是皮提亚（Pythia）竞技会的发祥地，还有世上最著名的神谕。

德尔斐一直都是个热闹喧嚣的地方，每当阿波罗神的女先知皮提亚要传达神谕时，这里就变得更热闹了。（她在每月7日传达神谕，冬天除外，因为这时阿波罗会去更温暖的地方。）如果只打算在德尔斐玩一天，建议你避开皮提亚竞技会的时间，因为那时整个城市拥挤得让人窒息。但这并不是说竞技会不值得看。竞技会上有文艺比赛和体育比赛，还有音乐比赛项目。（不过在竞技会上没有笛子演奏，笛子演奏一般会在葬礼和酒会上进行，不适合竞技会这种热闹的体育活动。）竞技会上能看到驷马战车、穿甲胄短跑等比赛项目，这让本来就很拥挤的城市变得人山人海，很难好好地欣赏德尔斐那些美丽、宁静和壮丽的景色。

自公元前582年起，皮提亚竞技会每四年举办一次。即使去的时候没赶上竞技会，也值得沿着这条路去看看山坡上的半圆形露天剧场。这个剧场可容纳几千人，观众坐在里面不仅能看到舞台，视线穿过舞台，还能将更远处的美景尽收眼底。沿着剧场左边的蜿蜒小路往上走，就能到达德尔斐的最高处，这里是用来举办体育赛事的运动场。这个运动场嵌在山坡上，北边插进山腰里，南边由平台支撑着，平台四周还筑有围墙。跑道的形状酷似发夹，其中一端放着很多带小凹槽的石头，被赛跑选手用作起跑器。如果你还想看些不一样的风景，可以到山下的希腊乡村去转转，那里的景色更为壮丽。

你可以花几个小时在各种宝库之间畅游一番。古希腊各城邦都在德尔斐修建了自己的宝库，并在里面装满了献给阿波罗神的珍宝。当财政空虚时，各城邦还可以把这些珍宝借回去使用，只要能尽快"连本带息"地还回来，阿波罗神是不会计较的。因此德尔斐也被后人戏称为"古希腊的中央储备银行"。所有城邦都力争把自己的宝库建成最好的，让其他城邦相形见绌。当然，并不是要把宝库修得规模宏大、富丽堂皇（神明也不允许他们这么做），而是要把它打造成品位不俗的精品建筑，以此来巧妙地暗示，如果建造这个宝库的城邦愿意，他们其实还能建出更奢华的宝库。最典型的例子当数雅典人宝库（Athenian Treasury）。它是一座多立克风格（见第142页图片）的小型建筑，由帕罗斯大理石［一种产自帕罗斯岛（Paros），颗粒细密、半透明的纯白色大理石］建造而成。雅典人宝库的正面和南面都装饰着栩栩如生的饰带浮雕，主要刻画的是忒修斯（Theseus）的故事。忒修斯杀死了人身牛头怪弥诺陶洛斯（Minotaur），是雅典人民崇拜的英雄（见第42页图片）。雅典人把宝库的墙壁作为巨大的公示牌，在上面记录着荣誉和贡献。他们还在宝库里放着献给阿波罗神的珍宝，感谢他庇护希腊人民战胜波斯人。阿

山形墙上洒满了金色的阳光，仙女吟唱着颂歌

——品达（Pindar）·第十一首颂歌

德尔斐和蒂索雷阿（Tithorea）之间也不全是山脉。据说两地间隔40多公里，其中有些地方曾经可以通行车辆。

——帕萨尼亚斯·《希腊志》（Description of Greece）·10.5

波罗神庙（the Oracle）不接受从波斯人那里缴获的战利品，据说这是因为这些战利品都是地米斯托克利（Themistokles）带回来的。地米斯托克利曾是雅典军队的统帅，但他后来向波斯人投降了。

雅典人与其他城邦的希腊公民及其海外殖民地成员一样，也在雅典统治的其他地方修建了很多神像和祭祀场所。他们还会展出缴获的军舰撞角，以及在雅典城邦治下的其他城市献上的青铜盾牌。这些青铜盾牌上都带有贡品标记，以此提醒人们，雅典不仅是充满活力的艺术和教育中心，还是一个伟大帝国的女主人。

在看过雅典人宝库后，可以踏上它旁边的"圣路"（the Sacred Way），加入手持橄榄枝的神谕祈求者队伍，去阿波罗神庙寻一位求得神谕的信众。你可千万别把向皮提亚求问神谕这事当作儿戏。古希腊各大城市，甚至各城邦在解决宣战还是媾和这等重大事项时都会求问神谕。所以明智的话，就别用鸡毛

典型的德尔斐宝库
——斯菲尼亚宝库
（Siphnian treasury）

蒜皮的小事去烦扰阿波罗神。稍微了解一些希腊神话，你就会知道，一旦奥林匹斯神对某个人的私事感兴趣，将是多么危险的事。

那些想去神庙求问神谕的人都要先献祭"初果"（一般是不见血光的，现金就是不错的选择）。如果被允许向阿波罗求问神谕，还要进行净化思想和灵魂的仪式。完成这些仪式后，求问者还得沿着圣路继续往上走，到达阿波罗神庙的祭坛，再进行一项叫作"普罗提希"（希腊语为"prothysis"，通常要用黑色的撞角作为祭品）的献祭仪式。如果是在固定的神谕求问日，献祭仪式会由德尔斐的权威人士代替求问者完成；如果是在其他时间，仪式则由求问者自己完成，或者还可以委托保护人代为完成，这样在其他城市的祭坛也可以间接献祭。（保护人制度是一种传统：希腊每个城邦都会在其他城邦中选一名公民作为其保护人，当自己的公民去那些城邦旅行时，保护人就会成为他们与当局交涉的中间人，类似于外交领事的角色。到了雅典后，你首先要做的一件事就是确定代表你的保护人叫什么，住在哪里。）

想得到神谕的话，求问者一定要保证第二项献祭的顺利进行。在德尔斐做过祭司的传记

求问者自己完成的神谕求问

作家普鲁塔克（Plutarch）说，阿波罗"只有看到酒泼到祭物头上之后，祭物浑身颤抖，才会赐予神谕"。求问者还要在神庙里通向内殿（Adytum）的入口处再进行一项献祭仪式。这个内殿就是求问者向神说出问询内容的地方。（内殿是神庙中最神圣的部分，必须经过许可才能进入。其实"内殿"这个词本身就是"禁止入内"的意思。）求问者会被单独带进去求问神谕，并由祭司为他们解读阿波罗通过先知皮提亚传达的神谕内容。

神意只有在预言方面是恶毒的，这也不可信。
——普鲁塔克·《道德论集》（Moralia）·BK4

神谕求问者们期待能看到奇怪的水汽从神奇的地下洞穴中蒸腾而出，嗜毒如命的女先知歇斯底里地喊出那些只有智慧的祭司才能"解释"的含糊词句，但实际情况却让他们大吃一惊。

求问者根本看不到女先知，因为她在内殿下面的密室中，与他们之间隔着屏障。皮提亚也不过就是个普通的女人，坐在一个横跨岩石缝隙的三脚凳上。她在进入神庙前，会到帕尔纳索斯山上的卡斯塔利亚（Kastalian）圣泉沐浴净身，并在阿波罗的圣坛前焚些月桂叶，撒些大麦粉。在听到求问者的问询内容后，她手持月桂树枝，经过一番冥想后，喊出脑海中浮现的词句和幻象。

如果懂些地质学的知识，求问者就能猜到帕尔纳索斯山的石灰岩下沉积的是碳氢化合物。当卡斯塔利亚圣泉地下出现轻微的震动时，就会释放一种叫作乙烯的芳香气体。吸入少量乙烯会让人达到一种头脑清醒又适度欢愉的状态。但由于地下密室中的乙烯浓度在求问者问询期间不断升高，于是便有了这种现象。

> 这种超自然现象有时会出现,但极具偶然性,并不经常发生,时间也不固定。那些到这里来求神谕的信众发现,在他们等待神谕降临的这个房间里充溢着芳香气味,这芳香胜过所有的香水。
>
> ——普鲁塔克·《道德论集》·BK4

皮提亚有时会喊出只言片语,而且还含混不清,因此负责解释的祭司必须竭尽所能,发挥自己的创造力。吕底亚(Lydia)的国王克里萨斯(Croesus,他非常富有)曾向阿波罗神求问,是否应该攻打波斯。他得到的神谕是,攻打波斯会导致一个伟大的帝国覆灭。但不幸的是,阿波罗忘了提醒他,会覆灭的帝国不是波斯人的,而是克里萨斯自己的,不过克里萨斯最后也亲眼看到了这一点。在信众的队伍中,可能还有斯巴达人正等着求问阿波罗神,是否该与雅典开战。阿波罗的回答是,如果他们决定开战,他会站在斯巴达这边。在一年后战事打响时,阿波罗会履行承诺,向雅典人射出瘟疫之箭,消灭了大量雅典人。

但阿波罗的神谕也帮过雅典人。神谕曾告诉雅典人倚赖三桨座战船的"木墙",雅典人最终借此在萨

德尔斐的阿波罗:音乐之神、预言之神,在奥林匹斯山中最受推崇的神

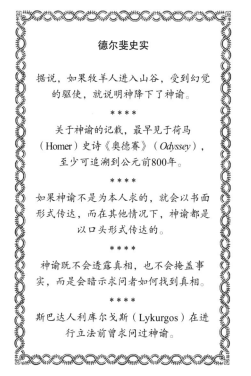

德尔斐史实

据说，如果牧羊人进入山谷，受到幻觉的驱使，就说明神降下了神谕。

****

关于神谕的记载，最早见于荷马（Homer）史诗《奥德赛》（*Odyssey*），至少可追溯到公元前800年。

****

如果神谕不是为本人求的，就会以书面形式传达，而在其他情况下，神谕都是以口头形式传达的。

****

神谕既不会透露真相，也不会掩盖事实，而是会暗示求问者如何找到真相。

****

斯巴达人利库尔戈斯（Lykurgos）在进行立法前曾求问过神谕。

拉米（Salamis）海战中大败波斯人。神谕还曾告诉雅典人要向风祈祷，他们祈祷后不久，便掀起一阵狂风，摧毁了大量的波斯战舰。

在接下来的旅程开始前，旅行者能从德尔斐获得的最佳建议是两句久经检验的箴言。第一句是"认识你自己"，据说这是苏格拉底在年少时曾获得的箴言。第二句是"凡事勿过度"，这很适合旅行者在打包行李时参考，因为从德尔斐到维奥蒂亚平原（Boeotian）的道路很艰险，而且从那里到阿提卡（Attica）还要走上一段距离。如果途中有时间的话，可以到赫利孔山（Helikon）去转转。那里是缪斯女神们的家，也是希波克林泉（Hippokrene）的发源地，而且被很多浪漫主义诗人视为灵感的源泉。但旅行者如果因此期待能有一次浪漫奇遇，那我可要声明一下，即便说维奥蒂亚女人的美貌真如男人的蠢笨一样出名，也难免会有个例。

阿提卡

在维奥蒂亚平原的最东边,旅行者们会再次看到同属于帕尔奈斯山脉群(Parnes)的帕尔纳索斯山和赫利孔山。从这里穿过去就到雅典了。这条路(通往阿提卡的三条主路之一)会经过雅典的边防要塞帕那克敦(Panakton),雅典的年轻士兵们在军事训练期间会在那里执行驻防任务。阿提卡是个半岛,在雅典人自己控制的海域里是安全的,所以只需要在阿提卡西北边境的陆地上设置边防要塞。这些边防要塞距离雅典城十多公里,这也提醒着人们,雅典不仅是一座城市,还是一个国家。在阿提卡这片土地上,生活着雅典大多数的人口。尽管雅典是个繁华的商业城市,但大多数雅典人还是像先民那样生活在雅典城外。他们可能会去雅典城里投票,购置在当地市场上买不到的东西,当然还会去那里参加大型节庆活动,但都住在他们登记注册的"德莫"(村社)。在阿提卡2400多平方公里的土地上,分布着大约140个这样的德莫,人口数量从几百到几千不等。

雅典人通过大家族(胞族)和德莫来实现身份认同,这些大家族通常会有某个氏族(基因)发挥主导作用。德莫成员的身份对希腊公民非常重要,甚至成了他们名字的一部分。希腊人会这样介绍自己:阿拉芬(Araphen)德莫的克莱昂(Kleon),希帕科斯(Hipparchos)的后代。雅典人具有多重身份,他们都属于雅典的十个部落之一。这些部落都是以希腊神话英雄的名字来命名的,它们都已不再是氏族部落,而是变成了地区部落。这些以德莫为基础的地区部落的形成,是公元前508年政治改革的成果之一。

什么公牛啊，房屋啊，希腊字母表有时候让你看得一头雾水。

希腊人愿意承认他们是从腓尼基人那里学习的书写艺术，但其实他们也对腓尼基字母做了些改动。首先，腓尼基字母只有辅音，而希腊人在此基础上增加了元音。他们还整理了腓尼基字母，并给很多字母加了注音。他们之所以能这样做，是因为希腊字母是纯表音性的，而腓尼基字母还有一部分是象形的。比如，在腓尼基字母中，"A"读作"aleph"，意思是"公牛"，形似一只牛头。"B"读作"beth"，意思是"房屋"[伯利恒（bêth lehem）的意思就是面包房]，形似有两个圆顶的小屋。

希腊字母表是世界上最古老的字母表之一，也是延续性最强的字母表之一。在被创造出来之后的几千年里，希腊字母表基本没什么变化，一直沿用到21世纪。这些字母本身被赋予了很多象征意义，比如，神秘的"Π"（Π=3.14159）和"Ω"（"A"代表一切的开始，"Ω"代表一切的终了）。如果你被这个字母表弄得一头雾水，可以到最近的面包房去，买一个伊塔贝塔派（eta beta pi），转移下注意力。

希腊字母表

A	α	alpha	阿尔法	N	ν	nu	纽
B	β	beta	贝塔	Ξ	ξ	xi	克西
Γ	γ	gamma	伽玛	O	o	omicron	奥米克戎
Δ	δ	delta	得尔塔	Π	π	pi	派
E	ε	epsilon	艾普西隆	P	ρ	rho	柔
Z	ζ	zeta	泽塔	Σ	σ	sigma	西格马
H	η	eta	伊塔	T	τ	tau	陶
Θ	θ	theta	西塔	Υ	υ	upsilon	阿普西龙
I	ι	iota	约（yāo）塔	Φ	φ	phi	斐
K	κ	kappa	卡帕	X	χ	chi	希
Λ	λ	lambda	拉姆达	Ψ	ψ	psi	普西
M	μ	mu	谬	Ω	ω	omega	欧米伽

阿提卡的土地上遍布农村和城镇。这里的大部分人都在社区中共同生活，很少见到单独的农舍。家境不错的雅典家庭通常都有几块分散的土地，土地所有权会随着婚姻、死亡和经济状况的变化而不断变化，不变的是这些土地永远都属于这个家庭所在的德莫。这些德莫不仅是简单的行政单元，它们每个都有各自的特点和风貌。

在德莫中做生意，要是能得到"德莫长"的帮助，就会顺风顺水。"德莫长"是通过选举产生的官员，相当于市长，行使的职权包括：负责管理德莫中的重要活动，为达到法定年龄的青年注册登记，以及在集会时决定谁拥有合法投票权，等等。他（在古希腊，参与公共生活的都是男性）通常是一位既有权威，人脉又广泛的社区成员，与他之间的友谊绝对值得好好培养。

伊卡利亚人和他们的德莫选举尼康（Nikon）为德莫长，以便妥善开展纪念狄俄尼索斯（Dionysos）的庆典和比赛。

——于1888年发现的伊卡利亚（Ikaria）碑文

与国际大都市不同的是，内陆的阿提卡比较狭隘，不习惯陌生人。这里的土地干燥、低洼，不适合农业耕种。地形不断遭到帕尔奈斯山脉群岩脊的破坏，直到俯瞰马拉松平原（Marathon）的潘泰列克斯山（Pentelikus），地貌都是一样的。贫瘠的石质土壤导致很多农村人口不得不从事烧炭、采石和鞣革等职业。养蜂就是一种常见的职业，雅典人为橄榄油的质量感到自豪。雅典人说，阿提卡正是橄榄树的发源地。希腊神话中讲道，在波塞冬（Poseidon）和雅典娜（Athena）争当雅典守护神时，雅典女人投给雅典娜的票数超过了男人投给波塞冬的票数。于是雅典选择了雅典娜，而雅典娜将橄榄树赐给了阿提卡这片土地。

雅典人通常会从黑海地区的殖民地进口小麦，因为这样比自己种植的性价比更高。不过务农却是雅典人的理想职业，他们都想拥有一块自己的土地。好在阿提卡的土地就像它的乡村一样，质量不尽相同，根据不同的面积和质量，花 10 个德拉克马到 500 个德拉克马不等的价钱就能买到一块土地。

在阿提卡，绿草茵茵的平原很少，所以牛也很少，但经常能看到绵羊和山羊在道路两旁的灌木丛中徘徊。在这里还经常能见到一小群猪在树丛中翻刨，或在小农场后面的猪圈里笨拙地行走。那时候的雅典人还不认识山上的柑橘，但在阳坡上的葡萄园里酿出了一些希腊最好的葡萄酒。

阿提卡的无花果仅仅在那些精选出来的土地上长势喜人。为了防止这些土地被富人囤积，防止无花果被贩运到国外，早期的立法者梭伦（Solon）提出，禁止出口雅典的无花果干，这样就保证了希腊的普通人也能吃到无花果。举报非法走私无花果的行

一个农夫正在耕地，他的妻子在他身后播撒种子

为，迅速成了讨好雅典当局的方式，"马屁精"（"无花果告发者"）一词自此也就成了巴结权势者的代名词。

走在阿提卡的路上，你经常会看到赫尔墨斯（Hermes）的头像方碑，它是旅行者之神和商业之神赫尔墨斯的象征。每个德莫和雅典城之间，都有一座这样的方碑。这些方碑的顶部是赫尔墨斯神的半身胸像，主要的身体部分呈长方形，身上的男性生殖器（象征好运与富足）骇然勃起，就像加了一个感叹号。下面还有一句警示语："走自己的路，想该想的事！"

阿提卡的交通拥挤，车水马龙，人流如织。菜园经营者来城里售卖自己种植的蔬菜，小商贩和商人们会赶往各个德莫的市场。普通雅典人也常常会为了生意或消遣到雅典城来，丝毫不在意要往返30多公里。有些人会穿着拖鞋往返，还有很多人就

> 在那之前我有过一段快乐的时光，过着原始又简单的乡村生活，可以随心所欲地闲下来休息，还有蜜蜂、羊群和橄榄树为伴。
>
> ——阿里斯托芬（Aristophanes）著《云》（*The Clouds*）中斯瑞西阿得斯（Strepsiades）的话・53

光着脚。在室内光脚很常见，有些男人一辈子都不穿鞋（在一些距离雅典城比较近的德莫，很多成员就住在雅典城里，而不住在德莫中。所以这些德莫经常在雅典城里召开集会，这样就能让成员们省些脚力）。还有些雅典人会在不同的德莫之间穿梭旅行，去感受每个德莫里令人眼花缭乱的文化、经济和宗教生活。在一年中的某些时段，到苏尼翁（Sounion）、拉姆诺斯（Rhamnos）和厄琉息斯

（Eleusis）这三地祭坛的人和去雅典城的人一样多。

要想体验德莫的生活，不妨到拉姆诺斯德莫去看看，它就依偎在马拉松北边的小避风港里。德莫北边有一座神庙和一个圣殿，就坐落在大墓地的后面，也值得去看看。如果你跟住在那里的复仇女神涅墨西斯（Nemesis）扯上了什么关系，那就更得去看看了。涅墨西斯是向恶人施以神罚的女神，那些极其骄傲自大的人，更是免不了会受到惩罚。一定要专门去欣赏一下出自雕刻家阿戈拉克里图斯（Agorakritos）之手的涅墨西斯女神像。这座神像是用一块产自帕罗斯岛的华丽大理石雕刻的，这块大理石是波斯人在入侵雅典时带来的，他们本来信心满满地打算在成功占领雅典后，用它来雕刻一座胜利纪念碑。

站在圣殿向远处眺望，避风港的绝美景色尽收眼底。那些刚刚平复了女神的复仇情绪，重新获得内心安宁的人看到这样的美景，更会觉得格外欢喜。拉姆诺斯有个小港口，平常主要用于从邻近的埃维厄岛（Euboea）进口谷物，还能为那些着急去阿提卡的旅行者提供一条捷径。这里的体育场、剧场和卫城都能证明，雅典公民在雅典城外的生活也能过得丰富而圆满。

通过赫尔墨斯头像方碑的侧面轮廓，能够清楚看到它的突出特征

阿提卡史实

阿提卡的很多德莫都是以花草来命名的。

* * * *

孩子们到七岁时，就会在德莫的人口簿上登记。

* * * *

战斗胜利的纪念品被称为 trophies（战利品），是这个现代词语的来源。

* * * *

阿提卡计量距离的单位是"斯塔德"（1斯塔德等于400米，现代体育场的一圈就是这个长度）。

* * * *

好战的阿卡奈人为战神阿瑞斯（Ares）建造了一座相当引人注目的神庙。

* * * *

据说酒神狄俄尼索斯就出生在厄琉特赖（Eleutherae）的德莫。

* * * *

阿提卡有人类居住的年代比伯里克利（Perikles）时代早了至少5000年。

* * * *

马拉松海湾很适合入侵的战舰停泊，因为基诺索拉（Kynossoura）半岛能够挡住从东北方向吹来的风。

马拉松

在距离拉姆诺斯西南约12公里的地方还有个小德莫，就藏在阿格莱里基山（Agrieliki）附近的一小片平地中。这里的土地灌溉充分，地里种植的蔬菜会被送到60多公里外的雅典城售卖。这个小镇很安静，让人丝毫察觉不到，在大约30年前这里曾发生的一切将会决定西方文明的未来。

沿着从雅典过来的主路向南走大约1.6公里,就会看到阿格莱里基山离海更近了,赫拉克勒斯神殿就坐落在紧靠路边的地方。就在你现在站立的地方,雅典军队曾被召集起来抵御波斯大军。将士们身着精良的盔甲,装配着圆形大盾牌,被称为重装步兵。他们对抗的波斯大军曾扬言要彻底攻陷雅典城,将雅典文化和政治革新的火苗扼杀在摇篮里。

波斯大军在距离这里约1.5公里的地方严阵以待。弓箭手们弯弓搭箭,坚信希腊士兵在打到他们的防线之前就会被消灭掉。但让他们始料未及的是,雅典士兵会在他们放箭后突然全速冲刺(这绝对得益于雅典体育竞赛中穿甲胄的赛跑项目),狠狠地撞向波斯军中身着轻甲的前排士兵。乱箭从冲锋的希腊士兵头顶上呼啸而过。

马拉松平原中部有个巨大的土丘,埋葬着当时阵亡的192名雅典士兵,通过这个土丘很容易就能确定战役发生的地方。阵亡者的葬礼通常是在雅典城中举行,但为了向这些英雄致敬,人们便将他们安葬在了牺牲的地方。这个巨大的土丘遗址直径约49米、高约9米,在马拉松平原的任何地方都能看到它。

在侧翼战线,局势开始转向对雅典有利的方向。雅典人在这里竖立了一根高大又美观的大理石柱作为战争胜利纪念碑,寓意为"转折点"。离这座纪念碑不远的地方有一条长且浅的壕沟,里面凌乱地堆放着6000多具波斯士兵的尸体。那里还有一座单独的坟墓,是为雅典统帅米提亚德(Miltades)修建的。他其实是战后才去世的,但他希望能被埋在这个曾取得过伟大胜利的地方。

如果想找寻关于马拉松战役的回忆，那就渡过茶拉达（Charada）河，去看看远处那广阔的沼泽地吧。成千上万的波斯士兵被雅典军队赶到这片沼泽地中，没来得及逃回军舰的士兵就葬身在这片沼泽中。喜欢运动的男人们或许会效仿费迪皮迪兹（Pheidippides）的壮举，脱个精光，从马拉松一路跑到雅典去（费迪皮迪兹将胜利的消息传回雅典城后，因过度劳累，力竭而亡，所以不能完全效仿他）。要注意的是，雅典与斯巴达不同，这里的女人显然不会赤身裸体地运动。

米提亚德为我建造了这座神像。我来自阿卡狄亚，是长着羊脚的潘神。我是米底人（the Medes）的敌人，希腊人的朋友。
——马拉松潘神神庙中的献词

如果想选一种更传统的交通方式去雅典，那就去渔船经常出入的海湾，撑上一只咔嗒作响的小船，到苏尼翁（Sounion）海岬附近的希腊城邦去享受一段旅行，沿途还可以到海岬上去欣赏一下建造中的波塞冬神庙。

二 比雷埃夫斯（Piraeus）

港口 & 比雷埃夫斯人 & 长墙

港 口

比雷埃夫斯在丘陵起伏的半岛上，雅典城邦的乡村地区，是雅典的领土，但并不属于雅典城。它也是个德莫，不过规模很大，特征显著。比雷埃夫斯是近期才成为雅典主要港口的，在希波战争前，雅典的主要港口一直都是东边开阔的法勒隆（Phaleron）湾。不过外港群集的三桨座战船表明，此时的雅典已经成为海上强国，需要与之相匹配的港口设施。海上强权还让雅典人尝到了海上贸易的甜头，于是比雷埃夫斯

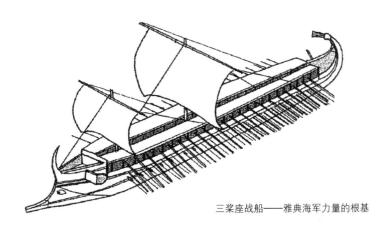

三桨座战船——雅典海军力量的根基

二 比雷埃夫斯（Piraeus）

便成了世界各地将商品运往雅典和阿提卡市场的大门，它的辖区面积和人口数量也因此大幅增加，现在已经能与雅典城相匹敌。

比雷埃夫斯的主要港口是康塔罗斯港（Kantharos）。从这里再往东，在半岛的另一边还有宰阿港（Zea）和穆尼基亚港（Munychia）这两个近似圆形的小港口。到了康塔罗斯港，先去找找右边海岬上的纯白色大理石柱，据说这是地米斯托克利墓地的标志。地米斯托克利曾统率雅典军队抵御波斯人，但后来叛变投敌了。有传言说，有人将他的遗骸偷偷送回了雅典故土，并葬在了比雷埃夫斯（雅典当局谨慎地避免核实这个传言）。当商贩们看到这根大理石柱时，大多会迅速判断自己与其他靠港船只的相对位置，因为此时需要他们快速冲刺，以便抢占最佳泊位。大多数商贩都需要穿过外港的船坞，去内港寻找停靠码头，要是能在东边商业中心的码头抢到一席之地就更好了。港口附近有五个大柱厅，它们既是仓库，用来储存从埃及、波斯、叙拉古和其他国家运来的舶来品，也是商贩们进行货物交易的中心。

> 全世界的好东西都流入到我们的城市中，所以对我们来说，享用外国产品就像享用本地产品一样自然。
> ——修昔底德（Thucydies）著
> 《伯罗奔尼撒战争史》
> （History of the Peloponnesian War）
> 中伯里克利的话·2.38

咸鱼、葡萄酒、挂毯、奶酪、蜂蜜、芝麻果、

> 猪腿肉、大酒壶、华美衣裳、花冠、小首饰、酒杯……
> 所有这些给人带来快乐和健康。
>
> ——阿里斯托芬著《马蜂》(Wasps)中
> 布得吕克勒翁(Bdelycleon)的话·676–677

这些码头也为旅行者提供去埃伊纳岛(Aegina)的渡船。从这里乘船跨过萨罗尼克湾(Saronic),走上不到30公里的海路就能到埃伊纳岛。你可以花2个欧布尔的船费,到埃伊纳岛和与它同名的小镇来一次快速旅行。这次旅行是值得的,尤其是还能在那里欣赏到壮观的阿菲娅神庙(Aphaea)。阿菲娅神庙的位置与帕特农神庙(Parthenon)及苏尼翁的波塞冬神庙的位置连起来刚好是个等边三角形,三座神庙就分别坐落在三个角上。你还可以乘船到萨拉米去,来一次跨越萨拉米海峡的旅行。在马拉松战役和温泉关战役后,雅典人正是在这片海域取得了抵抗波斯人的决定性胜利。

比雷埃夫斯存在的意义就是进行贸易往来。这个德莫的公民通过辛勤的劳动让雅典人吃上了从尤克森(Euxine,黑海的一个区域)运来的玉米、鱼

在码头称量货物。雅典是主要的贸易中心

二 比雷埃夫斯（Piraeus）

干，以及西西里岛（Sicily）的奶酪，还让雅典人用上了来自东方世界的异域香料和丝绸，穿上了波斯制造的拖鞋。雅典不适合种植能够取材的树种，所以木材都是从克里特岛、非洲和叙利亚进口。不过在雅典当时的建筑热潮中，需要进口的可不只是木材，到那些大型的宽体船上去看看，就知道还有什么要进口了。这些大船之间的距离只有几米，厚重的木梁横在船只中间起固定作用。木梁上还挂着大理石柱筒，每根柱筒重达5吨，为了减少移动，完全沉入水中。这些大理石柱筒最终都将成为雅典城中柱廊和神庙的建筑材料。这里还有些货船正在卸载奢侈品。在过去的几年中，进口染料和织物为男人们的衣服增添了充满异域风情的色彩，衣服底边也开始出现大量的花纹图案装饰，女人们的衣服变化更多。从货船上卸下来的奢侈品大多会被销往雅典的主要市集阿果拉（the Agora），但港口这里的交易也很活跃，因为商贩们都想直接跟刚靠港的船只交易，切断竞争对手的货源。

在康塔罗斯港确实能领略到比雷埃夫斯作为商业中心的风采，但别再只顾流连于码头上那些货仓和交易中心了。现在就出发，往东边内陆地区走走。走上大概450米，就能到达熙熙攘攘的街道。街上回荡着小作坊里传来的铛铛打铁声，弥漫着浓郁的鞣革味和烤面包味，还散发着污水处理设施能力不足而导致的臭味。穿过去到半岛的另一边，就是宰阿港。这里是雅典海军驻防的主要港口，雅典帝国的力量让人一览无余。康塔罗斯港入口处群集的三桨座战船或许已经足够让你震撼，在宰阿港还有196个供船只停靠的锚位。这些锚位的后面还有大量极具威胁性的军火库,里面储存着武器和船用索具。这些区域被高墙隔着,不能靠得太近,想通过大门口的哨兵盘查,得有特别通行证才行。

> 我在比雷埃夫斯看到一个男人在大便,就在妓女们的住处附近。
> ——阿里斯托芬著《和平》(*Peace*)中
> 特里伽俄斯(Trygaeus)的话·*185-188*

比雷埃夫斯的规划得益于伟大的米利都(Miletos)城市建筑师希波达摩斯(Hippodamos)。正因为他,这个德莫才有了方格网式的街道系统,才有了军火库旁华丽壮观又熙熙攘攘的市集。到了宰阿港,一定要去海边的斐瑞托法庭(Phreatto),在那里能碰到一些奇特的法律案件。这个法庭审理的是与被从雅典放逐的人相关的案件,被放逐的人站在近海的船只上,向法官提交重返雅典的诉讼请求。

比雷埃夫斯不只有贸易和战争,还有剧场和阿尔忒弥斯(Artemis)神庙。神庙位于第三大港口穆尼基亚港(供军舰停泊,也用于本地运输)附近的小山上。这片区域有大量的神庙,因为以海上贸易为生的人面临着很多风险,容易产生宗教信仰。对各种信仰感兴趣的人会发现,人口多元化的比雷埃夫斯几乎可以迎合所有人的喜好。除了阿尔忒弥斯神庙之外,这里还有色雷斯(Thrace)神朋迪斯(Bendis)的神庙,埃及(Egypt)神伊希斯(Isis)的神庙,腓尼基(Phoenicia)神巴力(Baal)的神庙。

比雷埃夫斯人

比雷埃夫斯是一座比较新的城市。它热闹繁华、锋芒毕露,而且肮脏不堪。妓女们会在岸边站成一排,以惯用的方式招揽水手。一位商贩气愤地抱怨说:"卸玉米的雇工都被她们削弱了干劲。"比雷埃夫斯生活着一些在雅典最受鄙视的社会阶层人士。那些正在卸玉米的雇工(绝大多数)可能是奴隶,也可能是急缺钱用的自由民。自由民做这项工作,就得能够忍辱负重,因为雅典人认为,作为自由民,被人雇用是件非常有辱人格的事。正是因为这种"要做自己的主人"的心态,比雷埃夫斯涌现出很多个体户,大多经营手工作坊。这些作坊一般是从事金属、陶瓷或皮革加工业,通常只有老板一个手艺人,外加他的家人帮忙打下手。比雷埃夫斯基本没什么大规模制造业。随着海军舰队的规模扩充,以及雅典城中大量建筑工程的开展,很多手艺人都被国家雇用了。因此,想找个技术娴熟的水管工修理故障,或是找人来安扇门都很困难,这让雅典人非常苦恼。

> 难道你没看见吗?这么多木匠和建筑工人在给半个世界的人盖房子,却根本没时间给自己盖房子,只能找地方寄宿。
>
> ——色诺芬(Xenophon)·《会饮》(*Symposium*)·4

在雅典社会中,商人的社会阶层比手艺人高一级。雅典人天生就不信任他们。试想一下,商人并不直接生产商品,仅仅是在交易双方之间转移商品所有权,如果不欺骗其中一方,赚取差价的话，又怎能从中获利呢？这些商人通常都是外邦人或外来居民。

只有在雅典本土出生的人才能获得公民身份。他们以本地人自居，意思是说"他们是自己从地里蹦出来的"。换句更准确的话来说，他们就是精液浸润的这片土地上诞生的那些男

相关信息

康塔罗斯港的船坞可容纳近百艘战舰。

****

三桨座战船的适航能力较差，冬天需要停在船坞里。

****

雅典目前最大的"工厂"是制造盾牌的，雇用的奴隶数量也不过百人左右。

****

有个采石场就在比雷埃夫斯西北边的围墙内，筑墙的大部分石块都是从那里开采出来的。

****

早在公元前2500年，比雷埃夫斯就已经有人类居住了。

****

在史前时期，比雷埃夫斯曾是一座岛屿。

****

康塔罗斯港是地中海最大的天然港口之一。

埃伊纳岛距离雅典城不远，但与雅典城的关系不稳定，因此被伯里克利称作"比雷埃夫斯的眼中钉"。

****

开展海上贸易的通常都是商人（希腊语为emperos）。他们会从船东（希腊语为naukleros）那里租借货仓或整条船只。

****

在希腊语中，"康塔罗斯"的意思是"花瓶"。这个港口是因其形状而得名的。

****

宰阿港是比雷埃夫斯的第二大港，码头岸线总长近500米。

****

野蛮人不穿长裤，也会被粗俗的口音出卖，这种口音也正是他们被称为野蛮人的原因。希腊语很流畅，但野蛮人说话时会发出粗俗的"叭叭"声，听着很刺耳。

二 比雷埃夫斯（Piraeus）

人。（赫菲斯托斯向雅典娜求爱时过于兴奋，精液滴在了雅典娜的腿上。雅典娜觉得这东西讨厌又草率，于是擦掉后扔在了地上。）雅典女人的祖先是第一个女人潘多拉（她打开了潘多拉魔盒）。

雅典人认为公民身份是世袭的，所以非雅典公民的后代永远都无法拥有这个身份，就像狗不能变成猫一样。在所谓的外邦人中，有些可能就是在雅典出生的，与雅典人有着相同的宗教信仰、价值观和文化，但不算雅典公民；也有些可能是刚到雅典生活不到半年的腓尼基人、哥林多人或埃及人；还有些是介于上面两种情况之间的人。外邦人都需要请一位雅典公民做他的担保人，发挥类似保护人的角色，帮他与雅典当局交涉。外邦人为了享受在雅典生活这个特权，还要交纳一种特殊的人头税。他们如果没按时交税，就会依法被奴役。外邦人也可能因为做出了某些特殊贡献而获得公民特权，但大多数外邦人在雅典人眼中都是下等人。谋杀外邦人比谋杀公民受到的处罚要轻，就说明了这一点。

尽管外邦人在雅典生活会有这么多不利因素，但雅典充满活力的精神生活和经济生活，依然让他们无法抗拒。比雷埃夫斯的外邦人数量远远多于雅典人。这些外邦人的存在使这座城市比位于它东北边四公里外的雅典城更有活力、更具包容性和国际性。

女人。你甚至都不用到雅典城去，就能轻易地发现，男权主义在雅典非常盛行。

我要赞美一下自己的好运气：我生来是人，而不是野

兽；是希腊人，而不是野蛮人；是男人，而不是女人。

——公元前585年，米利都德莫的泰勒斯（Thales）

女人的活动范围仅限于自己家的私人领地。她们负责监督奴隶、照顾孩子、煮饭和织布。织布是所有社会阶层的女人一辈子都要做的工作。雅典执行官的妻子要在丈夫去主持陪审法庭时织布，妓女们空闲时要在妓院织布。雅典的女孩从小就开始学习织布和纺羊毛。（每年为雅典娜更换的圣衣就是女孩公民们编织的。）

> 不被别人谈论是女人的荣耀，无论谈论中涉及的是赞美，还是谴责，都是如此。
> ——修昔底德著《伯罗奔尼撒战争史》中伯里克利的话·2.45

女人没有投票权，甚至无权参加集会。如果牵扯上法律纠

母亲和孩子是雅典瓶画上的常见题材

纷，她们的父亲或其他监护人会代表她们出席。不管是出于什么原因，女人被迫出庭都不是什么光彩的事。

后来有个案件让雅典人感到震惊和困惑，那就是著名（臭名昭著）的交际花芙里尼（Phryne）被指控亵渎神明案。芙里尼是个名妓，有很多情人，就连她的辩护人希佩里德斯（Hypereides）也是她的情人之一。当仅凭辩词已无法为她脱罪时，芙里尼只能亲自出庭。希佩里德斯当场扯掉了她的长袍，让她露出双乳，并辩护说，她显然就是"阿弗洛狄忒（Aphrodite）的化身"，绝不可能亵渎神明。陪审团成员被"宗教敬畏"冲昏了头脑，于是投票宣告她无罪。

芙里尼用自己的行动展示了女人通常如何去颠覆雅典普通男人那些不切实际的想法。这些男人企图固化女性的形象，认为女人要么是体面的女性公民（如果深陷于婚外情的话，随时可能会被她的丈夫或父亲杀掉），要么就是毫无道德底线的下层妓女。在私下场合，雅典女人通常会设法去做自己想做的事（稍后去拜访苏格拉底，你就会发现他是个妻管严）；在公共场合，她们则会说服男人帮助自己实现想法。

如果女人不工作，比雷埃夫斯的经济就不能正常运行。因此从各方面来

织布是女人的终身职业

说，女性在比雷埃夫斯的可见度都比在其他地方更高。在阿提卡和雅典城，主妇中的楷模去公共场所时都会把自己从头到脚地裹进帔络袍（一种用别针固定的毯子），头上通常还戴着披巾，看起来简直就像个行走的帐篷。即便如此，这些女性楷模去公共场合的机会也很少，更不会出现在自由的比雷埃夫斯。在比雷埃夫斯能看到工人阶层的女孩们光着膀子，开心地去除鱼的内脏，互相开着粗鄙的玩笑，在市场的摊位上工作，还能看到妓女们毫不遮掩地宣传自己所能提供的服务。

奴隶。在贸易中心的码头上，人也在被出售的商品之列。雅典人与所有希腊人一样，他们也认为奴隶制是一个基本事实。实际上，在未来一百多年的时间里，亚里士多德（Aristotle）都将核心家庭定义为"男人、他的妻子和他们的奴隶"。在亚里士多德的这个定义中，当然不包括雅典的穷人。他还忽略了一点，那就是阿提卡有很多小农场都是自由民经营的。不过即便是在更主张人人平等的比雷埃夫斯，也有近四分之一的人口是奴隶。奴隶与其他雅典人的穿着打扮非常相似，所以很难将他们与雅典公民中等级最低的"日佣"区别开来。但奴隶通常会有个明显的特点，那就是有文身。这些文身要么是他们以前做野蛮人时留下的印记

一个奴隶男孩跟在雅典主人的身后

（有些色雷斯奴隶的脖子上会有非常精致的文身），要么是他们的主人留下的记号，用来表明他们不值得信赖或可能会逃跑。

雅典奴隶的生活境况各不相同，在很大程度上取决于他们的身份背景。希腊人总觉得奴役自己的同胞会有点儿不自在（不过其实他们也没少做这样的事），所以奴隶中的希腊人往往比较自由，甚至可能还会被派到政府管理部门做些美差。但野蛮人生来就是奴隶，因为他们可是"野蛮人"啊，自然无法得到更好的待遇。

"公共奴隶"是奴隶中的上层阶级。雅典通常会雇用数百名"公共奴隶"，有的会去市场上担任辨别货币真伪的官员，还有的会到法院做文员。雅典城邦的公共奴隶还扮演着类似城市守卫的角色，负责跟一些西徐亚（Skythian）弓箭手共同守城。在比雷埃夫斯的奴隶中，有些还是能工巧匠。他们住在自己的作坊里，若不是赶上主人来收取可观的收入分成，你很难看出他们到底是奴隶，还是自由民。家庭私有奴隶做的是杂役，而且常常能通过帮助主人掌握一门手艺。他们经常会去市场，因为拥有奴隶的雅典女人不用自己去买东西。这种拥有者和被拥有者的关系很容易变得紧张，但也可能会发展成友情，甚至是爱情。

相比之下，野蛮人奴隶的命运可就悲惨多了。他们会像牲畜一样，成群地在富人的田地中劳作，更倒霉的还会被卖到妓院去（通常是女奴隶，但也会发生在男奴隶身上）。碰到这样的情况，有些家庭私有奴隶宁愿去死。在最近发生的一起案件中，有个奴隶女孩听到主人说要把她卖到妓院去，便趁着做最后一顿晚餐的机会毒死了主人。男奴隶害怕被送到矿井去，就像女奴隶害怕被卖到妓院一样。银矿开采是雅典帝国的重要财政支柱，可以说雅典帝国就是用劳瑞姆（Laurium）矿井中奴隶的痛苦和死亡换来的，而远在阿果拉的哲学家们根本看不到这里。

长　墙

　　雅典更加依赖的是大海，而不是阿提卡。如果乡村面临被敌人摧毁的风险，雅典人会不惜一切代价保住比雷埃夫斯。比雷埃夫斯城墙不像雅典城墙修得那般仓促。仓促修建雅典城墙的背后，还有这样一个故事：雅典的老城墙被波斯人拆毁了。波斯人被赶出希腊后，斯巴达人提出了一个友善的建议，他们建议雅典不用重建城墙，由斯巴达为其提供庇护。这么"友善的建议"出自一个拥有凶残军队的强国，这足以让所有雅典人都打起精神来，男女老少齐上阵，火速重建城墙。在仓促间，他们只能是手头有什么就用什么。历史学家修昔底德说过，如果想把雅典的城墙修建得像模像样，"私宅和公共建筑都得拆毁"。

　　老谋深算的地米斯托克利在当时还很受雅典人的喜爱。他前往斯巴达去阻止他们干涉雅典重建城墙。他大概是这么说的："城墙？有人说有城墙？这简直是无稽之谈。哦，那些城墙啊。咱们以后再聊这事儿吧。好吧，我们的确有城墙，又高大又坚固。想要决斗吗？"

　　我们至今依然能在雅典城墙上看出仓促的痕迹。城墙的地基是用好几种石头建成的，有些石头甚至都没切割，找个形状最适合的地方就塞进去了。从古墓上拆下来的石柱和碑文、雕像碎

二 比雷埃夫斯（Piraeus）

片，以及房子上拆下来的碎块都拼靠在一起。这些城墙让我们对雅典人有了更进一步的了解，感受到他们的公民自豪感，也看到他们一旦确定目标，就会不惜一切代价，全心全意地去实现它。

有一位科林斯大使就曾抱怨说："如果雅典人想要什么东西却没得到，就会表现得好像这东西本来就属于他们，却被别人夺走了一样；如果他们得到了想要的东西，就会在此基础上，去争取得到下一个想要的东西……他们认为假期就该做有意义的事，比起安静地待着，他们更喜欢有挑战、有事做。他们天生就过不了平静的生活，也不允许别人过这样的生活。"

> *他（地米斯托克利）把比雷埃夫斯揉成了一块蛋糕，给她（雅典）当午餐。*
> ——阿里斯托芬·《骑士》
> （*The Knights*）·185-186

尽管比雷埃夫斯城墙的高度只达到了最初设计的一半，却修得更加从容，现在看起来依然非常壮观，毕竟时间更充裕，自然也就能修得更细致。一千二百多米的环港口城墙可供两辆四轮马车在其宽阔的顶部并驾齐驱。除了在城墙上修筑常见的防御工事，用黏土或碎石作为内墙和外墙之间的填充物，比雷埃夫斯的城墙还用了大块的石头来填补空隙，并用了铁夹或铅夹来固定石块。沿着城墙还建有整齐的堡垒：圆形的堡垒是地米斯托克利原始设计中的一部分，长方形的堡垒是后来加上去的。

那个是什么城墙？

雅典城墙修建得非常仓促，也就是说每个建造者都可

> **等角边形砌块**——规则的石块。铺起来像砖块，但每块重达几百斤。一般在金钱和时间都充裕的情况下使用。
>
> **仿等角边形砌块**——对等角边形砌块略作调整，交替使用更小、更便宜的扁平石块和更昂贵的石块。
>
> **多边形砌块**——不规则的石块被带到城墙修筑现场，并切割成需要的形状。雅典有很多城墙使用的都是这种砌块。
>
> **碎石**——用于快速修筑便宜的城墙。石头经过简单切割后堆在一起，然后在石堆上抹灰泥浆。
>
> **梯形断面**——一种试验性技术，采用将石"砖"顶部和底部交替变宽的形式，提高城墙对横向冲击的抵抗力。

以根据自己手头的材料，按照自己的风格去建造。我们去看看相反的例子吧。

从比雷埃夫斯到雅典城，一路都有城墙防护。雅典此时处于伯里克利执政时期，雅典政府正在花大力气、斥巨资，将全程七千多米的路程用城墙连起来。城墙的内外墙平行而建，相距近两百米，中间是一条宽阔的道路，两头分别有一扇巨大的防御城门。这些城墙修建得更晚，也更细致，采用的一般是大块匀称的多边形砌块或等角边形砌块。由于刚刚建成不久，上面还能看到石匠使用凿子的痕迹。这项城墙修筑工程在凯菲索斯河（Kephisos）流域（从法勒隆湾流经阿提卡平原，最后在穆尼基亚港附近入海）碰到了一些棘手的问题：城墙必须跨过这条河在比雷埃夫斯城外约 2.4 公里的河段。那里的河面不宽，但河岸却非常泥泞。（西南边的沼泽地不能修筑城墙，所以就用来做墓地了。）西向的外墙有重装步兵驻守，天空映衬出他们身着盔甲的轮廓。

内墙目前没有士兵把守，因为入侵者如果想爬到内墙，必须

二 比雷埃夫斯（Piraeus）

从东面进攻，还得先越过从雅典到法勒隆的单边墙。长墙之间的平原得到了良好的灌溉和耕种，如果雅典被包围，这里的菜园就能提供宝贵的新鲜果蔬。如果阿提卡的百姓被敌军逐出家园，长墙之间的地方还可以作为方便的露营地。

三 辨别方位

四处转转 & 住到哪里 & 雅典社会

> 以备不时之需,请给我讲讲你碰见的那些房东,他们都是什么样的人,再跟我说说那些港口、面包房、妓院、酒馆、喷泉、道路、饭馆和最好的旅店。
>
> ——阿里斯托芬著《蛙》(The Frogs)
> 中狄俄尼索斯的话·133–139

如果在雅典迷路了,可以回想一下希伯来《圣经》中的诗歌:抬眼向远山眺望,在那里定能寻到答案。雅典卫城的岩石峭壁比城中大部分地方高出九十多米。它占据着雅典优越的地理位置,承载的思想意义主宰着雅典人的灵魂。

卫城曾是雅典最初的核心城区,现在依然是雅典人的精神家园和最后堡垒。它建在平坦的岩石层上,沿东西轴线,大致呈泪滴状分布。独具魅力的帕特农神庙就坐落在卫城顶部中心偏南的地方。看一下神庙与你的相对位置,就能马上确定你在雅典城中的方位。

位于雅典城的东北边,就能看到利卡贝托斯山(Lykabettos)像一顶尖尖的女巫帽伸出城外。传说这座山是雅典娜在建造卫城时,从一英里远的雅典城里扔出来的废弃建材。

如果正对着卫城,利卡贝托斯山在左手边,那你就是在雅典城的北边，面朝南。雅典本地人蒙着眼睛都能依靠艾瑞丹诺斯河（Eridanos）散发的臭味辨别自己的位置和方向，当玻瑞阿斯（Boreas，北风之神）吹起北风时就更容易了。这条小河自东向西流经雅典城北，慢慢变得越来越污浊。当它流过阿果拉，经过雅典城外的凯拉米克斯（Kerameikos）城门时，已经臭得让人窒息。

雅典城从卫城周围的最初定居点开始向外扩展，直到基础设施再也无法负荷更多的人口才停下来。这些城墙就是扩展极限的记号，从上面看大致呈椭圆形，椭圆形的顶部（北边）还有个非常明显的凸起。如果在雅典城里能看到这个形状，就说明离卫城不到一英里了，基本上肯定会看到它。

四处转转

雅典的街道没有名字，也就是说所有的地址基本都靠描述。比如，海格诺斯（Hagnous）的菲洛克拉底（Philokrates）住在米利忒（Melite），就在通向赫拉克勒斯神庙的道路南侧。雅典到处都是神庙，所以这些神庙也就成了非常方便的导航路标。如果指路的人能更具体说明他所指的是众多赫拉克勒斯神庙中的哪一座，那会很有帮助。上面例子中的神庙指的是供奉"恶人克星赫拉克勒斯"的那一座。有的城市喜欢"神圣的集会"，会把所有的神庙都建在一起，供人们对比挑选出自己想要供奉的神明。雅典的神庙、房屋、作坊、剧场和法院都混杂在一起。很多庙宇就建在民宅旁边，所以跟神明当邻居也不是什么稀奇的事儿。

除了神庙，英雄祠有时也能当路标。英雄祠是用来祭奠神话英雄［比如忒修斯（Theseus）］的祠堂。其他能当路标的还有头像方碑和赫卡忒（Hekate）三面像。赫卡忒是守护十字路口和三岔路口的女神。她的多面像独具特色，常被旅行者用作路标来辨别方向。每个地址的描述通常都会涉及几个这样的路标。旅行者可能会听到指路的人说："在卡丽安德罗斯（Kalliandros）作坊附近的赫卡忒三面像那儿，朝着最高法院（Areopagus）的方向走，在靠近阿波罗神殿的水井那儿停下，右手边的赫卡忒三面像面向的就是卡利斯托（Kallista）居住的街道。有座房子的前面有个被削掉底座的头像方碑，那就是她家。"

与其他古城的工匠一样，雅典的工匠们也喜欢跟同行聚居在同一片区域，因为这样更方便随时到隔壁去借个凿子或一杯花岗岩碎石之类的东西。这样也就让一些街道有了昵称，比如刀剑匠街或头像方碑匠街。在雅典做盆盆罐罐的工匠实在太多了，以至于在雅典城西北有一整个区都是因他们而命名的，那就是凯拉米克斯区（Kerameikos，意为陶器工人团体），不过它的城墙外是一片墓地。

狄奥多罗斯（Diodorus）在库达忒奈翁有一套房子。房子挨着阿尔忒弥斯神庙，有个门廊，还有两根石柱。

——5世纪的房产描述·
《希斯皮里亚研究资料》（*Hesperia*）
22·石碑（"*Stele*"）6·78-79

与阿提卡的其他地方一样，雅典城也分成了很多的德莫。城北有人口密集的库达忒奈翁（Kydathenaion）德

忒修斯档案

鉴于雅典人很崇拜忒修斯,而且他会出现在各种场合,我们有必要稍微了解一下这位有污点的雅典英雄。

* * * *

他的母亲是珀罗普斯(Pelops)的后代。伯罗奔尼撒(Peloponnese)就是以珀罗普斯的名字命名的。

* * * *

他还很年轻的时候,就因为消灭强盗和杀死野兽出了名。

* * * *

他自愿作为献给米诺斯(Minos)国王的贡物。米诺斯国王每九年就会选七对童男童女关在一个迷宫里。

* * * *

再由半人半牛的怪物弥诺陶洛斯将他们杀掉。

* * * *

美丽的阿丽阿德涅(Ariadne)对他一见倾心,送给他一个线团。他靠着线团的指引找到了迷宫的出口,杀死了弥诺陶洛斯,成功逃了出去。

* * * *

他回去之后做了雅典的国王,还把阿提卡地区的居民集中到雅典城,建立了统一的国家。

* * * *

他劫持并迎娶了一个亚马孙女战士,但又被迫与入侵雅典的其他亚马孙人战斗。

* * * *

他五十岁时,因为从邻国抢了一名未成年少女而被拘押。

* * * *

尽管后来他被释放了,却再也无法恢复在雅典的声誉,成了被废黜的国王。他逃到斯基罗斯岛(Skyros),并在那儿被人暗杀。

* * * *

几百年后,人们在斯基罗斯岛找到他的遗骸,并带回了雅典。

忒修斯杀死了弥诺陶洛斯

莫,城南和城西分别有科里托斯(Kollytos)德莫和米利忒德莫。此外还有斯卡波尼戴(Skambonidai)德莫和柯以勒(Koile)德莫。雅典的水利工程也能帮助人们辨别方向。我们已经看过了污浊不堪的艾瑞丹诺斯河,比雷埃夫斯也有一条与之污浊程度相当的巨大排水沟,不过幸运的是,这条排水沟上通常会有东西遮盖着,在城南还有一条百年前建成的水渠,作为水井的补充水源。

在雅典,沿着任何一条主要的大道走,一般都会通向一座城门或卫城西北边的阿果拉。比如游行大道会从迪皮隆城门的旁边穿过,经过阿果拉,通往卫城顶部;有几条大道是经过阿果拉,通往卫城东北边的阿卡奈门;还有一条大道,蜿蜒经过众多繁忙

护甲匠很快又做出了一顶战盔

手艺人正在为头像方碑做最后的修饰

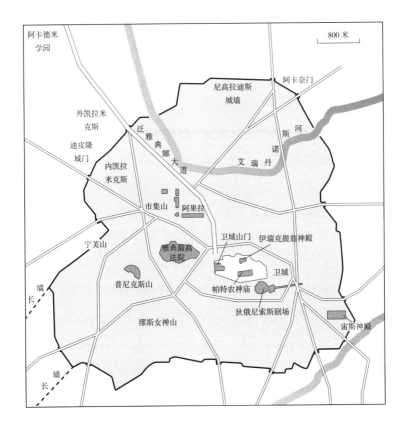

的小作坊［沿着宁芙女神（Nymphs）出没的山林与卫城之间的河谷分布］，通往卫城西边的比雷埃夫斯城门。

住到哪里

旅行者到雅典来有着各种各样的目的：有的来搞外交，有的来参加宗教活动，有的来开展社交活动，有的来走亲访友或做生意，还有的人同时有好几个目的。俗话说得好，出访时不搞社交的外交官不是好外交官。不过,在 5 世纪的希腊,旅行还没那么容易,那时基本没什么配套设施。雅典建有拱廊,类似于现在的俱乐部,供那些没地方去的旅行者歇脚,但不能住宿过夜。(第 141 页提到的卫城山门"画廊"中就有个拱廊。)雅典有为使节专门准备的住处,很多神殿都会为朝圣者提供旅舍。宗教旅舍可能离神很远,但其中最差的可能也好过普通的小旅馆。这些小旅

图上原文	译文
The Academy	阿卡德米学园
Long Walls	长墙
Outer Kerameikos	外凯拉米克斯
Dipylon gate	迪皮隆城门
Inner Kerameikos	内凯拉米克斯
Hill of the Nymphs	宁芙山
Pnyx	普尼克斯山
Hill of Muses	缪斯女神山
Panathenaic Way	泛雅典娜大道
Market Hill	市集山
AGORA	阿果拉
Areopagus	雅典最高法院
Wall of Themistokles	地米斯托克利城墙
River Eridanos	艾瑞丹诺斯河
Propylaea	卫城山门
Erechtheion	伊瑞克提翁神殿
Acropolis	卫城
Parthenon	帕特农神庙
Theatre of Dionysos(Eleuthereos)	狄俄尼索斯剧场
Acharnian gate	阿卡奈门
Olympeion	宙斯神殿
HALF MILE	800 米

馆臭名远扬，常有偷窃的房东、贪婪的臭虫和淫荡的妓女，还可能有为妓女拉皮条的暴力醉汉。

最好的办法是通过私人关系，找一个想在你的城市建立人际关系的雅典人为你提供住处。雅典人和所有希腊人一样热情好客。他们热情好客可能是因为忌惮希腊传说中的故事。传说中的神常常出于某种邪恶的目的，隐藏身份来到人类的身边。对神态度恶劣的人，下场往往很惨烈；对神友善的人，可能会得到好报。

> 陌生人，欢迎你！我们要把你当成客人来款待。晚餐后请告诉我们你需要什么。
>
> ——荷马·《奥德赛》·118–124

他们热情好客也可能只是因为异乡人能带来外面世界的消息，活跃聚会的气氛，思维活跃、好奇心强的雅典人很享受这种异域风情。"Xenia"是希腊语"热情好客"的意思，其中包含着一整套社会习俗：客人要尽量减少给主人带来的不便，并通过讲故事的方式尽量回报主人的热情款待，特别有才华的客人还可以用献歌或作诗的方式表示感谢。

关于这个习俗有个著名的故事，暴君克莱斯特勒斯（Kleisthenes）曾邀请一个雅典年轻人来参加晚宴，并打算让他做驸马。在晚宴结束后的庆祝活动中，这个年轻人站到桌子上大秀舞蹈才能（还豪放不羁地在暴君头上跳霹雳舞，结果不小心被看到没穿内裤）。于是克莱斯特勒斯严厉地告诉众人，"希普克勒德斯（Hippokleides）不再是驸马人选"。年轻人高兴地回答说："希普克勒德斯不在乎!"因此,当雅典人想要表达没那么在乎某件事时,就会打趣说:"希普克勒德斯不在乎!"

主人要先保证客人吃饱睡好,才可以为了满足自己的好奇心,深入了解客人的职业、城市、家庭及生活状况。如果主人和客人相处得很愉快,主人会在客人离开时送上一份小礼物,这就标志着他们成了彼此的"Xenoi"(外邦友人)。当主人到客人所在的城市旅行时,客人应该予以回报。这种

> 将麦子储存在最干爽的房间里,把酒存放在温度最低的房间里,把艺术品和精美家具放在光线最好的房间里。
>
> ——色诺芬·
> 《经济论》(Oeconomicus)·9

相关信息

想走出雅典很容易,因为这里至少有15个城门。

****

雅典与希腊很多城市不同的一点是,城市布局杂乱无章,以至于希腊人有时会用"阿提克"(Attic)这个词来形容毫无计划性的发展。

****

"经济"一词源于希腊语"oikos nomos",意思是"管理家庭的人"。

****

房子大门都是朝街道开的,所以雅典人出去的时候会先习惯性地敲一下临街的大门,以免开门时给街上的行人造成不便。

****

室内的窗户会贴上一张半透明的牛皮纸,既能透光,又能防风。

****

尚无准确的研究表明,海伦的女儿赫耳弥俄涅(Hermione)是否姓俄伊克斯托斯(Oikostos)[也就是"格兰杰"(Granger)]。

关系可不容小觑，它可是一种能够世代传袭的关系。互为"外邦友人"的双方有义务维护对方的利益，如果一方在旅途中被海盗抓走，或卷入与其他城市的战争中，另一方甚至有义务为对方交纳赎金。帕里斯（Paris）正是因为践踏了这种神圣的关系而被认定为绝对过错方。他与莫奈劳斯（Menelaos）国王互为"外邦友人"，却跟王后私奔了，于是引发了特洛伊战争。

> 在占领特洛伊城（Troy）后，你的妻子又能任你处置了，你却没有杀她。
> ——欧里庇得斯（Euripides）著《安德洛玛刻》
> （Andromache），在不忠的海伦（Helen）从特洛伊回来后，
> 珀琉斯（Peleus）对莫奈劳斯说的话·627

客人通常都是男性，一般会被安顿在叫作"专用房间"（希腊语为"andron"，意思就是"男人的房间"）的精美客房。房间地面装饰着用天然的彩色鹅卵石精心铺设的马赛克（后代嵌石铺面的早期形式）。房间可能会通向一个不太宽敞的庭院，庭院里有一道门，能通向外面的街道。雅典人通常会在庭院中设立"庭院宙斯"（Zeus of the courtyard）的祭坛，并在这里举办家庭宗教仪式。庭院中还可能会有一个带门廊的房间，比客房更大，一般朝南，冬季采光好，通常用作主要的起居室。房子可能有两层，二层的房间一般是奴隶的房间或是储藏间。所有房间的窗户几乎都是朝庭院方向开的，雅典狭窄的街道上有一条由光秃秃的墙体和房子大门构成的过道。房子的装饰屋瓦（遮盖屋顶与墙壁相连处的瓦片）上常常有花卉或动物的纹样（有些是现实中真实存在

的动物，有些是神话中虚构出来的）。窗户朝街道开的房间，一般都是工厂或商店。

男客人一定要确认好房子里哪些地方是仅供女人活动的，以免不小心闲逛到这些地方，造成严重的后果。（从严格意义上来说，房子里除了"男人的房间"之外，其他地方都是女人活动的地方。所以，除非受到主人的邀请，否则最好哪儿都别去。）

> 爱奥尼亚人聚在一起，拖着长袍，携妻儿踏上朝圣之路。
> ——荷马体诗作《阿波罗颂》
> (*Hymn To Apollo*)·145FF

如果想快速了解主人的经济实力，那就去看看他家的房子用了多少木材，木材有多少种。阿提卡的森林并不繁茂，但雅典的富人们喜欢用雪松木做楼梯和门，用松木或冷杉木做地板，用橡木做窗台，还会用柏木做房梁，并在昂贵的家具上镶嵌乌木。

雅典社会

雅典人和政治。洗去旅途中的仆仆风尘，换上一件干净的羊毛长袍［chiton（希顿）］，就可以去见识一下非凡的雅典城了。我们已经看到，雅典人对待女人、外邦人和奴隶的态度明显不同。旅行者们在进行雅典深度游之前，值得花点时间去快速了解下雅典社会的其他方面。首先，雅典人是爱奥尼亚人。爱奥尼亚人是古希腊民族中的一个重要支系，是伊翁国王的后代。爱奥尼亚人自许比缺乏热情和幽默感但值得信赖的多利安人（斯巴达人是典型的例子）更聪明、更有见识。雅典人声称自己是爱奥尼亚人的祖先，即便不是，也是其中最重要的。所以，他们认为雅典人天生有权领导小亚细亚和相关群岛的希腊人。

雅典人认为他们在种族上是统一的，但在政治方面，雅典社会内部存在着深刻的分歧。所以，跟雅典人谈论政治（雅典人乐此不疲），还是要稍微谨慎点。

雅典人的政治主张大致可以分为两种：民主政治和寡头政治。寡头政治的拥护者捍卫的是富人和贵族（贪婪的、实施压迫的人）的特权，民主政治的拥护者捍卫的是普通百姓（寄生的懒

"海葱头"伯里克利喜欢让人将自己塑造成戴着战盔的形象，以便遮住他那颗特别狭长的头颅

被标记为流放。陶片上写着"潜在的僭主"地米斯托克利

汉)的权利。这两派的主张可以简单归纳为民主派伯里克利和一个寡头派无名氏的对立观点。关于这位无名氏的记载,只在一本匿名小册子中出现过。他通常被人称为"老寡头"(The Old Oligarch)。

> 伯里克利:权力不掌握在少数人手里,而是由全体人民掌握。
> 老寡头:我不赞同这种政治体制。选择这种体制意味着雅典人认为宵小之徒应该比精英过得更好。
> 伯里克利:任何人都绝不会因贫穷而在政治上湮没无闻。

> 老寡头：任何有欲望的人（可能是宵小之徒）站起来发言，肯定都会想方设法为自己和喜欢自己的人谋取利益。
>
> 伯里克利：在我们的私人生活中，我们是自由和宽恕的。
>
> 老寡头：赋予奴隶和外邦人公民权是荒谬至极的做法。那样的话，你就再也没有权利打他们，奴隶们到时候恐怕连路都懒得给你让。
>
> 伯里克利：我们服从当权者，当权者服从法律。
>
> 老寡头：他们（民主派们）剥夺精英的权力，掠夺、放逐甚至处死精英，却尊崇宵小之徒。

此时，两派人开始相互辱骂，有时候紧跟着还会互扔重物，旅行者们便会小心地从这场争论中抽身而退。

不过，老寡头说的"精英们"被放逐倒是事实。雅典有一项特殊的政治制度叫作"陶片放逐法"。雅典每年都会召集公民大会，公投决定哪些人太过膨胀，威胁到雅典的民主制度。每个公民都有一票，可以投给自己认为应该被放逐的人。到了投票日，公民们就会投出选票（刻着被放逐者姓名的陶片）。这场选举的"获胜者"会被邀请到雅典城外去"享受"为期十年的假期。这样一来，如果有人觉得自己被雅典的精英侮辱或虐待了，

> 一个对政治毫无兴趣的男人，我们不说他是那种只扫自家门前雪，不管他人瓦上霜的人，而干脆把他当作废人。
>
> ——修昔底德著《伯罗奔尼撒战争史》中伯里克利的话·2.40

就有办法出这口闷气了。他们只需要回家摔个陶壶（这本身就是很好的解压方式），在陶片上刻上冒犯他的贵族的名字，然后等着那个人遭报应。这些陶片在选举中用过之后，还可以拿来填补路面上的坑洼。

不过我们需要注意，无论如何都不该让政治辩论演变成公开暴乱。无论是争吵比赛式的发言，还是基于事实的理性推论，雅典人都喜欢有说服力的辩论。发言越即兴越好。如果有人说，演说人趁喝水的时候准备了发言内容，而不是酒后直抒胸臆，那就等同于在蔑视演说人的品格。（这种即兴演说通常必须有完美的措辞、绝佳的论据，还要有激动人心的演讲术。）

四 雅典人的休闲活动

阿卡德米学园 & 斗鸡和小酒馆 & 购物 & 货币

在那个智慧大爆炸的时代，雅典就是吸引新思想、新哲学和新发明的中心。这也是雅典能够吸引那么多外邦人远离故土，来到雅典生活的原因之一。有些新观念可能起源于地中海流域的其他地方，但最后也都和它们的发明者一道流入了雅典，为人们所讨论，并融入公元前5世纪那场知识革命的各种思想中。"无穷大"的性质、蒸汽动力的使用、食用豆类的道德问题以及天文学体系等，都是阿果拉的思想家们感兴趣的话题。这些思想家虽然只是雅典精英中的极少数，却展现出了雅典城的充沛体力和旺盛精力。如果要用一个词来形容雅典和雅典公民，那就是"忙碌"。

即便是在闲暇的时候，雅典人也抱着这种积极的态度。他们非常珍惜休闲时光，不会花太多时间去放松。虽然成为富人的重要目的之一就是拥有更多的时间去休闲，但富人也像工人阶层一样珍惜自己的闲暇时光。

雅典人会用大部分的闲暇时光参加集体娱乐活动。戏剧在雅典人生活中的重要地位是被大家所公认的，与众多参赛者们一起参加年度戏剧竞赛（见第93页）就是不错的休闲选择。在竞赛中能看到很多剧作家最新创作的喜剧、讽刺剧和悲剧，凭参赛资格还能参加雅典城举办的大型宗教节日庆祝活动。这些活动不仅趣味十足，还是开展社交的大好机会。

但这不意味着雅典人没有更轻松的休闲活动。雅典人非常喜欢探讨和辩论，泡在体育馆里或小酒馆中谈论政治、哲学、战争或运动，几乎成了一些人的职业。（旅行者也可以加入讨论，不过千万别忘了自己的身份。）

阿卡德米学园（The Academy）

雅典男人可能会去体育馆打发闲暇时光，那里既能锻炼身体，又能进行社交。这里说的体育馆不仅是一栋建筑，还是一个进行高强度体育锻炼的田径场。即便天气不好，人们也能在有顶的柱廊（希腊语为"xystos"）中照常锻炼。希腊人将搏击和摔跤列为体育竞赛项目，奥林匹克运动会的所有参赛者都要宣誓自己经过了十个月以上的严格训练。（体育赛事禁止已婚女性观看，因为参赛者通常都是赤身裸体的，全身只涂一层薄薄的橄榄油。但未婚女性倒是可以享受这场视觉盛宴。）

阿卡德米有一片著名的茂密橄榄林。这片橄榄林可以为运动员遮蔽夏日的强光，是天气酷热时练习跑步和摔跤

> 凯勒阿斯（Chaereas）走在从体育馆回家的路上。他如星辰般光芒四射，锻炼让他明亮的脸庞上绽放出金银箔般的照人光彩。
>
> ——卡里同（Chariton）·《凯勒阿斯与卡利罗亚》（Chaereas and Callirhoe）·22

四 雅典人的休闲活动

全身赤裸，只涂一层橄榄油的赛跑者

的好地方。阿卡德米位于雅典城外，迪普利翁门的西北边，曾经也是很多哲学家和他们的学生打发时间的好去处（苏格拉底后来有位名叫柏拉图的学生在这里建了一所学园，所以后来这个地方的名字听起来不像是进行体育运动的，而更像是开展智力活动的场所）。阿卡德米是以希腊英雄阿卡德摩斯（Akademus）的名字命名的，据说这位英雄就葬在这里（阿卡德摩斯曾帮忙营救身陷特洛伊的海伦。因为海伦来自斯巴达，这个地方备受斯巴达旅行者的喜爱）。阿卡德米还是竞走运动的发祥地。这项运动的起点是普罗米修斯（Prometheus）的祭坛，终点是雅典城。传说普罗米修斯从神那里盗取了天火，所以每位参赛者在竞走时都要手持点燃的火炬，如果火炬在比赛的过程中熄灭了，参赛者就会立即失去参赛资格。

雅典与公元前5世纪的其他希腊城邦一样，兴衰起伏也取决于重装步兵的力量。所以这个体育馆对所有人开放，任何人都能来强身健体。

> 体育馆里挤满了操练的勇士，这也算得上是一派壮观景象了。
>
> ——色诺芬·《阿格西拉于斯传》（Agesilaus）·50

如果去体育馆的话，记得寻一位身着紫色长袍、脚穿白色鞋子的男人。他是公民投票选出的体育官，负责管理这个体育馆，并用他的"staff"维持秩序。这个"staff"指的不是"职员"，而是一根又长又结实的、可以胖揍无赖的"木棒"。体育官通常都很富有，管理体育馆仅仅是为了树立个人威望。他会自掏腰包买橄榄油，供运动员涂抹和清洁身体。（阿卡德米其实是有供水管道的，但雅典人清洁身体通常就是用橄榄油涂抹，再用弯曲的金属工具把油刮掉，而不是泡在浴缸里，用丝瓜络沐浴。）

如果体育馆里刚好在举行摔跤比赛，那一定要留下来看看。希腊摔跤手的技术水平很高，这也是很有必要的，毕竟摔跤是一项残酷的运动，扭伤和脱臼都是常有的事（不过用头撞人

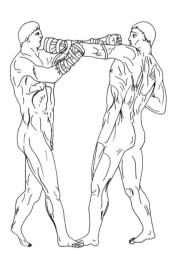

古希腊式搏击。如果不得不从事这项运动，那么开始时长得丑绝对是一件幸事

四 雅典人的休闲活动

是犯规的)。但相较于被称为"古希腊式搏击"(希腊语为"pankration")的全技能型拳击运动,摔跤算是比较温和的。在这项拳击运动中,拳手们不戴手套,而是在手上绑皮带,主要攻击对方的头部和脸部。在比赛中故意打死对方会遭到严厉的惩罚,但经验丰富的

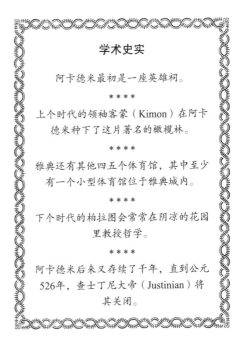

学术史实

阿卡德米最初是一座英雄祠。

****

上个时代的领袖客蒙(Kimon)在阿卡德米种下了这片著名的橄榄林。

****

雅典还有其他四五个体育馆,其中至少有一个小型体育馆位于雅典城内。

****

下个时代的柏拉图会常常在阴凉的花园里教授哲学。

****

阿卡德米后来又存续了千年,直到公元526年,查士丁尼大帝(Justinian)将其关闭。

拳手总能想方设法让对手精疲力竭。体育馆里的大部分拳手都会佩戴有填充物的头盔,以防止牙齿和颧骨在激烈的比赛中遭受重创。

摔跤手和跳远运动员都要使用沙坑,这就得由体育官来决定,他们分别在什么时候可以使用沙坑。

田径项目包括标枪和铁饼。运动员全身穿着盔甲投掷标枪和铁饼,也提醒着人们战争时有发生,在体育馆进行体育训练不仅是一种休闲运动,更是生死攸关的事。

你会去阿卡德米,与同龄好友在神圣的橄榄树下比赛。
你会戴上白色芦花编制的花环,畅快地嗅着紫杉树的

> 香气和白杨树叶抖动时散发的清新气息,倾听悬铃木
> 向榆树低语,无忧无虑地享受春天。
>
> ——阿里斯托芬·《云》·51

斗鸡和小酒馆

从阿卡德米回来,如果在雅典城里看到一小群人吵吵嚷嚷,那可能是在进行斗鸡比赛。所有雅典人,无论老少,不管社会阶层高低,都喜欢这些角斗活动,而且还会为此下很大的赌注(离雅典最近的地方就是角斗场)。

> 赌博的地方……摆放着赌桌,斗鸡和掷骰子都是常见的消遣方式。
>
> ——埃斯基涅斯(Aeschines)·《驳提马尔科斯》(Against Timarchus)·53

有钱人把斗鸡比赛发展到了极致,一只珍贵的纯种斗鸡可是价值不菲。斗鸡竖起的鸡冠和趾高气扬的攻击都被视为男子气概的象征,老男人因此常将斗鸡作为礼物,送给他喜爱的少年(希腊语为"eromenos")。有些人将斗鸡图案装饰在盔甲上,这相当于发出了一个危险的声明,宣告他会像斗鸡一样殊死奋战。斗鸡的超强男子气概让大男子主义的雅典男性非常着迷,所以斗鸡比赛总是特别热闹。无论是穷人在街角临时发起的比赛,还是在精英们的赌博俱乐部里举办的优雅职业赛,观众都不少。不过赢得比赛并不意味着这只斗鸡就能保住小命。人们普遍认为斗鸡的睾丸是治疗阳痿的良药,所以越是战绩累累的斗鸡,越会让人垂涎

四 雅典人的休闲活动

在比赛一开始，相互对峙的两只斗鸡

不已。斗鸡比赛中的冠军也只能在陶瓷制品中得到永生，在商店里经常能看到带有斗鸡图样的花瓶。

在晚上空闲时，雅典人特别喜欢聚会。富人们极其热衷于会饮。在这些会饮中，有些可能是高雅的聚会，大家喝着稀释过的葡萄酒，探讨宇宙万物（苏格拉底就经常参加这种会饮）；有些可能是纵酒狂欢的派对，醉汉们把家具扔得到处都是，为了讨好吹笛子的少女，打架打得两眼青黑，然后醉醺醺、晃悠悠地穿过城镇，换个地方接着喝。

穷人们则会到小酒馆（希腊语为"kapeleion"）去找

> 小酒馆给我提供了各种各样的好东西：美酒、甜饼、蜂蜜和无花果干。
> ——阿里斯托芬创作的喜剧《财神》（*Plutus*）中赫尔墨斯的话·1120

59

乐子。这种小酒馆类似于现在的酒吧或小餐馆。在那里可以掷骰子赌博，还可以玩棋盘游戏。不过女人可别去这些地方，否则也会被男人当成消遣的玩具。在客人娱乐的时候，小酒馆的老板通常会为他们提供各种美酒和速食。

如果喝酒喝到很晚，一定要跟朋友结伴回家，而且要买些火把，照亮回家的路。雅典经常有暴力事件发生，劫匪们特别喜欢抢劫长袍，因为长袍能在市场上卖个好价钱（雅典附近的底比斯就有这样的市场）。

> 艾里逊尼（Eiresione）带来了无花果和大块的烤肉；
> 他还给我们带来大杯的蜂蜜和涂抹身体的橄榄油；
> 还有一大壶烈酒，让我们所有人都能酣甜入睡。
> ——普鲁塔克著《忒修斯传》（*Life of Theseus*）中
> 青年们进行宗教游行时唱的圣歌·4

购　物

如果长袍被抢走了，在阿果拉就能买到新的，那里有各种长袍可选，从用动物皮简单缝制的粗糙手工长袍，到精美的进口波斯长袍，应有尽有。阿果拉不是雅典唯一的市集，在靠近南城墙的一个小型封闭式建筑中还有个市集。不过那是个小市场，只有十几个商铺和一个小神殿，主要是为那些不想走远路的当地人开设的。阿果拉不仅仅是个市集（"Agora"的原义是"集会场所"），雅典人到这里来也不只是为了购物，他们也常来这里约见好友和浏览新闻。公告常常会被钉在阿果拉的"纪名英雄墙"上

（雅典的十个部落就是以上面十位英雄的名字来命名的）。现在这还是一件平淡无奇的小事，但正在进行的计划将让这面英雄墙成为阿果拉的重要遗迹。

购物本身也是一种基本需求。虽说雅典人不是极致的物质主义者，但他们的家里竟然是斯巴达极简主义风，这一点还是挺让人意外的。市场上出售的商品并不总能满足客户的需求，即便是在雅典这个爱琴海的购物中心，很多商品也没那么容易买到。这就是说连基本生活用品的价格都会受供需法则的支配，因短缺或过剩而出现剧烈波动。举一个简单的例子，雅典每人每天应摄入的小麦为1量器（希腊语为"choinix"），约合1升，基本够一名雅典成年男性劳动力吃一天。根据一年里时段和收获情况的不同，1德拉克马能买到10升到17升小麦。通过选择一直货源充足且价格低廉的产品，精明的买家花5德拉克马就能买到够一家三口吃两周的口粮。在雅典不常见到肉类，但水果摊和蔬菜摊的生意都还不错，生扁豆和熟扁豆都能在摊位上买到。

如果想买肉的话，可以去那种有猎户卖野兔的摊位。野兔是猎户自己抓的，价格会比较划算。这些摊位也卖野鸡，但价格会很贵。或者也可以去买些香肠，但要注意的是香肠里的东西未见得像卖家说得那么好。更好的选择

没有谁比雅典人更爱吃鱼了。你得好好跟卖家讨价还价，才能买到最好的部位

是去买鱼。雅典人爱吃炸鱼，狂热的鱼类爱好者（希腊语为"opsophagus"）会像品酒师评价葡萄酒那样，对每条鱼的口感和味道都品评得头头是道。他会特别愿意给你讲墨鱼，因为墨鱼的价格非常昂贵，雅典人甚至认为，最大的幸福就是"富有到能吃上墨鱼"。你还可以买到各式各样的奶酪，雅典当地的奶酪主要是用绵羊奶或山羊奶做的。

我对你的红鲣和鳗鱼不屑一顾。
——阿里斯托芬著《马蜂》中菲罗克勒翁（Philokleon）的话·510

去买点雅致的角形酒器吧。它们的曲线优美，造型别致，常以色雷斯金属为原料，用雕刻的动物头像为底座。它们的缺点是在畅饮间歇需要插在土里放置（对一些人来说，这也可能是优点）。如果不能这样做的话，就只能把酒器躺着放，那就得先把里面的酒喝完才行。

追求实用功能的人可能会选择购买斯巴达杯（希腊语为"kothon"）。这是一种侧边有深棱纹的小酒壶，棱纹最初被用来沉淀从河里舀上来的水。雅

雅典男人喜欢马，也喜欢酒。这个酒器是这两种东西的结合体

四 雅典人的休闲活动

典人在酿酒过程中没有过滤的环节,这些棱纹刚好可以在喝酒时过滤掉其中的酒渣(即便是昂贵的佳酿,也难免会有酒渣)。想要尝尝奥秘滋味的购物者可以去追寻解梦者的踪迹,花2个欧布尔就能弄清楚,神明让鳕鱼反复进入他的梦境,到底想要说明什么。

女人如果不顾体面非要到市场上去买东西的话,那一定要遮护好清秀的面庞,以免被太阳神赫里奥(Helio)晒成古铜色。女人被晒成黄铜色已经是很丢人的事,要是被晒成古铜色,那可就太离谱了,所以出门时切记要带一把折叠阳伞(希腊语为"skiadeion"),买香水时,可以让奴隶或其他男伴提着。装香水的长细颈瓶小巧可爱,是用薄如纸张的材料精心烧制而成的。市场上还有各种金属或象牙做的精致发卡,以及用珠子、青铜和半宝石制成的各式耳环、吊坠和项链。喜欢奢华风格的客户在市场上还能买到金银材质的饰品,不过工匠们通常会把这种优质工艺品直接送到有钱的大户人家去。雅典人的衣服通常选用的是麻布(一种精纺的类全棉面料)或埃及亚麻面料。所有"阿摩尔戈斯风格"的衣服都只适合在私密场合穿,因为这类衣服的面料非常薄透。雅典

工匠正在为客人量身定做鞋子

人的衣服一般是米白色、棕红色或橘黄色，橘黄色在女性希顿中较为常用，披风通常是各种不同深浅的棕色。

我们已经了解到，雅典人的鞋有很多种，进屋之前要先把鞋脱掉。买鞋的人有很多选择，从绑带式的凉鞋到及膝高的筒靴，应有尽有。不过在雅典买不到高跟鞋，这可能会让一些人感到失望，但也让另一些人松了一口气。

卖水仙花、桃金娘、玫瑰和紫罗兰的摊位把市场装扮得五彩缤纷。雅典人特别喜欢紫罗兰，甚至因此被剧作家阿里斯托芬嘲笑说，"外邦人只要称呼你们为'戴着紫罗兰皇冠的人'，就能成功骗取信任。你们一听到'紫罗兰'这个词，立马挺直腰板，正襟危坐起来"。雅典人常常会买鲜花供奉神明，晚上去参加聚会也会买个花环戴在头上。卖花女（希腊语为"stephanoi"）的放荡是众所周知的事，她们很容易就会被说服，戴上自己卖的花环跟你一起去参加聚会。

货　币

很多商品和服务都有价格规定，但依然要靠讨价还价才能获得最佳性价比。在兑换货币的时候，你就要开始讨价还价了。不过，即便如此，恐怕你也无法实现等值兑换，因为雅典的货币兑换商们深谙"德拉克马"的意思。这个词源于希腊语动词"dratto"，意思就是"攫取"。雅典的德拉克马（被称为"猫头鹰"）是举世闻名的、最坚硬的货币。得益于劳瑞姆银矿的存在，德拉克马才能被铸造成足重的纯银硬币。德拉克马的固定形式

［一面是帕拉斯·雅典娜（Pallas Athena），另一面是猫头鹰］备受推崇，黑海周边的一些国家也采用了这种铸币形式。雅典有句古谚语说，"把猫头鹰带到雅典"，这就相当于俗语说的"往纽卡斯尔（Newcastle）运煤"，意思就是进口目的地已经很充足的东西，多此一举。

所以在把硬币交给兑换商之前，一定要先称一下"猫头鹰"的重量。（阿果拉设有一个专门的办公室，里面有一套度量衡标准，市场管理员会据此检查商贩的秤是不是准确。）有一种造假币的常见伎俩是找一张银箔片，用它包住一个加热过的铜质底座，将硬币放在上面，并用锤子敲打。敲打的力量以及敲打时产生的热量会让铜和银粘在一起，这样造出的银包铜假币只有通过称重才能鉴别出来。你还要确保银币上有"AOE"的字样，"O"中间有个小点。这个字样代表着 A-T-H-E，证明硬币是雅典铸造的，而不是黑海地区的低廉仿制品。

最大面值的硬币是 4 德拉克马，也叫斯塔特尔银币，但这种硬币并不多见，因为它的价值很高，相当于一名熟练手艺人一周的薪水。即便是经常担任陪审团成员的公民，一天也只能赚半个德拉克马。在日常的商贸往来中，比较常用的货币是查柯和欧布尔。

查柯是用青铜铸造的，但让人意外的是，这种日常使用的货币竟然能做得这么小。1 欧布

货币		
8 查柯（chalkoi）	=	1 欧布尔（obol）
6 欧布尔	=	1 德拉克马（drachma）
100 德拉克马	=	1 明那（mina）
60 明那	=	1 塔连特（talent）

> ****
> 逝者的眼睛上面或舌头下面会放1欧布尔的硬币,作为逝者前往冥界时,请船夫卡戎(Charon)带他渡过冥河(Styx)的船费。
>
> ****
> 据说剧作家欧里庇得斯的母亲在阿果拉经营着一个果蔬摊。
>
> ****
> 1欧布尔能买一条不错的面包,也许还能再买杯酒,就着酒把面包吞下肚去。
>
> ****
> 雅典在伯罗奔尼撒战争前铸造了约2000万德拉克马银币。
>
> ****
> 一枚真德拉克马银币的重量应该在4.3克多一点。
>
> ****
> 雅典人对紫罗兰的喜爱之情可以追溯到传奇国王伊安(Ion)的年代("ion"的意思就是"紫罗兰")。

尔的直径不到一厘米,重量还不到一克。半个欧布尔(1欧布尔的一半)自然只有1欧布尔的一半大小。这倒让以后的考古学家们兴奋不已,因为欧布尔本身的尺寸极小,尤其是加上希腊人的衣服没什么口袋,这种硬币就常常会掉到

> 我把葡萄卖了,在嘴里塞满了铜币,正要去市场买面粉。
> ——阿里斯托芬·《伊克里西阿》(Ecclesiazusae)·819FF

古老的沙发后面,进而得以保存下来。

为了能在早上尽快买好所需物品,雅典人通常会把足够的钱放在嘴里携带。用舌头快速探索一下就会发现,将舌头后卷,抵住上腭,就会形成一个天然的钱包,而且只有相当亲密的接触,才能拿到这个"钱包"里的钱。

阿里斯托芬笔下的一个人物谈起跟钱有关的事时说："吕西斯特拉忒（Lysistratos）有一次跟我开了个可恶的玩笑。前几天他和我一起领了 1 德拉克马，他到鱼市上换成了零钱，回来给了我三片鱼鳞。我以为是欧布尔，便把它们含进了嘴里。"

五 雅典名人

海柏波拉斯 & 伯里克利 & 苏格拉底
& 修昔底德 & 菲狄亚斯 & 索福克勒斯
& 阿里斯托芬

> *海柏波拉斯是个品行低劣的人。他被放逐并不是因为我们惧怕他的权力和名声，而是因为他是个人渣，是这个城市的耻辱。*
>
> ——修昔底德·《伯罗奔尼撒战争史》·8.74

虽然雅典城比 21 世纪的普通市镇大不了多少，却云集了大量人才。在人才数量上，公元前 431 年的雅典完全可以傲视莎士比亚时期的伦敦和文艺复兴时期的佛罗伦萨，甚至可以说无出其右。这些男人（在目睹了大男子主义盛行的雅典后，我们就不奇怪为什么这些人才都是男性了）将永远改变欧洲人的说话方式和思维方式。如果你觉得这种说法太夸张，那就去拜访下海柏波拉斯（Hyperbolos）吧。他的名字之所以被后人用来形容"夸张"（hyperbole），是因为他在演讲中为了营造戏剧性效果，故意夸大事实。他提出过几项合理的法令，却因煽动民众而被很多人疏远，其中就包括后来设法将他放逐的亚西比德（Alkibiades）。通过修昔底德对这次放逐的评论（见上文）可以看出，这位史学大家也不怎么喜欢他。

关于第一位人才，我们应该看看他采取的政治举措，虽然这些"举措"并不足以展现这位政治家杰出的技巧。他被雅典人亲切地称为"老海葱头"。他就是伯里克利,后来整个令人惊叹的时代都是以他的名字来命名的。

雅典实行的是直接民主制,没有领导阶层,任何人都可以在公民大会上起身发言,都可以为城市的未来规划建言献策,不过伯里克利的建议最受重视。罗马时期的传记作家普鲁塔克曾评论说:"他总能让人接受他的建议,有时候是通过劝说,说明怎么能把事情做到最好,让人心甘情愿地接受;有时候则会违背别人的意愿,强迫他们去做对他们有益的事,不管他们喜欢与否。他就像一位医术高明的医生治疗疑难杂症,有时允许病人做他喜欢做的事,有时则会用药物和疼痛来为他治疗。"

严谨一点来说,伯里克利是一位优秀的将军,也是一位有点不择手段的政治家。他通过强迫雅典的盟国缴纳贡金,直接促成了雅典现在的经济繁荣。

在对抗波斯人的战争结束后,让雅典的盟国继续为这场战争向雅典缴纳贡金,正是伯里克利的决定。这些钱不再用于供养战船和士兵,而是用来重建希腊土地上那些被波斯人毁掉的神庙。重建工作从雅典开始(也只在这里进行了)。因为现在雅典是希腊唯一拥有强大海军的城邦,它的附属国(政治正确的叫法应该是"盟国")也只能发发牢骚,然后接着缴纳贡金。按照伯里克利的说法,这叫"自愿捐款"。

这个决定催生了一项规模宏大的、需要几代人共同努力才能实现的建设计划。铁匠、木匠、铜匠、石匠、染工、金匠、象牙匠人、油工、刺绣工人和陶工开始辛勤工作,原料供应商们也跟着忙活起来。商人、水手和船家从海上运来原料,推车制造商、养牛人、搬运工、绳匠、亚麻工人、鞋匠和制革工人也都在这一繁荣时期赚得盆钵盈满。

不过伯里克利也有敌人,有位政客曾说过:"如果我和伯里克利摔跤,而且公平地把他摔倒了。他也能劝说众人否认眼前的事实,让他赢得比赛。"还有些人不信任伯里克利,因为他是贵族,而且本身很富有。有一次,为了修建一座宏伟的建筑,他说如果城邦不出这笔钱,他就自掏腰包,并把情况如实地记录在柱基上。

如果想了解关于伯里克利的真实丑闻,就去找他的儿子桑西巴斯(Xanthippos)吧。桑西巴斯因为伯里克利与他的母亲分居,并跟"妓女"阿斯帕西娅(Aspasia)交往,始终记恨在心。他通常都会在小酒馆里,手拿一只大酒杯,说着父亲的坏话。

伯里克利的头骨格外细长,看起来非常奇怪(因此他的昵称叫"海葱头"),这就给喜剧诗人提供了充足的创作素材。有位名叫泰莱克里迪斯(Teleklides)的诗人曾这样戏谑他,"他要被自己的脑袋压晕过去了"。伯里克利很在意这种评论,所以每当画师为他创作流芳百世的半身肖像画时,他都会戴上一顶方便向后推开的重装步兵战盔,用战盔的形状把尴尬的特征巧妙地遮掩起来。

伯里克利与妻子分居是幸福的,雅典著名哲学家苏格拉底与妻子结婚却是不幸的。

苏格拉底娶了个妻子,名叫赞西佩(Xanthippe,意思是"黄色的马",显然是个男女通用的普通名字),还生了两个儿子。雅典有许多关于他和赞西佩吵架的传说。有一次,苏格拉底浑身都湿透了，有人说是赞西佩把水泼在了他的身上，也有人说是他愤怒的妻子用尿壶泼的。苏格拉底把身上的水擦干净，还跟朋友打趣说，"雷鸣之后，通常都会下雨"。还有一次，苏格拉底去市场买东西，赞西佩扯掉了他的披风。有人问苏格拉底为什么不还手，他说：赞西佩是我的妻子，又不是搏击对手。

这并不意味着苏格拉底是个懦夫，事实正好相反。他买得起一整套重装步兵盔甲，而且在每次战斗中都表现得很出色。传记作家第欧根尼·拉尔修（Diogenes Laertius）曾这样描述其中一次战斗：雅典人撤离后，苏格拉底跟着其余的人从战场上撤退。他像一只被惹恼的猫，发现有任何敌人靠近，都会发起猛烈的攻击。他还在一次激烈的战斗中救出了年轻的亚西比德。后来苏格拉底在政治上也展现出了非凡的勇气。他反抗暴君不公正的命令，蔑视民主暴徒的咆哮。（有个民主政府诬告他腐化青年，并命令他饮毒芹汁自尽。）

苏格拉底是第一个说热爱哲学不影响热爱生活的人。他很愿意受邀参加宴会或是品味一杯美酒。

智慧与美貌不用并存，苏格拉底就是一个有力的证明

但如果这些都无法实现的话,他也完全能从哲学的角度出发,安之若素。

苏格拉底是哲学上的诡辩家(sophist)["sophos"是智慧的意思,也是"复杂的"(sophisticated)一词的词源]。作为诡辩家,他试图通过推理得出结论,从而找到真理。有人有时会指责他和

苏格拉底说……
自认是"世上最聪明的人"说的10句话

未经审视的生活是毫无价值的。

* * * *

智慧始于好奇。

* * * *

无论你结婚还是不结婚,你都将为之后悔。

* * * *

我是世界上最聪明的人,因为我知道一件事,就是我一无所知。

* * * *

要想在这个世上活得有尊严,就去做你想做的事。

* * * *

女人一旦和男人平等,她就会爬到他的头上去。

* * * *

如果把世间所有人的痛苦都放在一起,再让大家平均分配,大部分人会愿意选择自己原本那份,然后逃离。

* * * *

知足常乐者最富有,因为知足本身就是财富。

* * * *

每个人都该结婚,好的婚姻给你带来幸福,不好的婚姻则可以使你成为哲学家。

* * * *

我太诚实了,要做政治家,就无法活命。

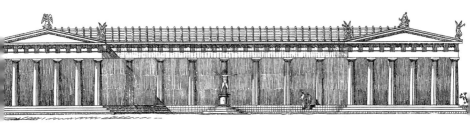
宙斯柱廊。纪念雅典城邦摆脱波斯人的统治,获得自由

同伴教学生如何让站不住脚的推论听起来更有道理。但苏格拉底不认为自己是老师,教别人也不收钱,他认为自己只是和别人讨论观点。(术语"苏格拉底式对话"就是以他的这种技巧命名的。通过一系列的问题,在对话中迫使对方发现自己观点中存在的缺陷。)

苏格拉底住在阿洛派(Alopece)德莫(位于雅典城东南方向),但常常会去阿果拉。想找他可以去宙斯柱廊,他喜欢在那里约见朋友和学生。想认出他也很容易,只要找出人群中最丑的那个就对了。如果你看到一个人秃顶、干瘦、大肚腩、眼球突出、嘴唇肥厚,那八成就是苏格拉底。德尔斐神谕说他"绝对是世上最聪明的人"。

很多人都不同意这个神谕的说法,其中就包括剧作家阿里斯托芬。他"恭维"苏格拉底,让他成了《云》这部讽刺剧的主角。苏格拉底(广义上的哲学家们)被塑造成一个蔑视雅典传统神明、教授诡辩之术的形象。阿里斯托芬在剧中描写了一名年轻人通过学习苏格拉底的诡辩之术来逃债,还在苏格拉底的教唆下不敬父母。阿里斯托芬塑造的这些形象将导致苏格拉底被判死刑。

> 他们是一群没用的家伙。我知道他们，你说的是那群软弱无能的江湖骗子。他们打着赤脚，是像苏格拉底和凯勒丰（Chaerephon）那样的无赖。
>
> ——阿里斯托芬著《云》中
> 斐狄庇得斯（Pheidippides）的话·125

如果对哲学家感兴趣的话，可以去一趟雅典南部，到城区的科利托斯（Kollytos）德莫寻一户人家，两年后那里将会有个强壮的婴儿降生，名叫柏拉图。他是苏格拉底最出色的学生，不仅会继承和发扬老师的思想，还会将他的哲学思想著书传世（苏格拉底一生述而不作，懒得将任何思想转化成文字）。

你还可以去看看苏格拉底常去的另一个地方——阿果拉的绘画柱廊。这里也曾是哲学家芝诺（Zeno）讲学的地方。因为他总在这里讲学，他的哲学至今都被称为斯多葛学派（Stoicism 是由

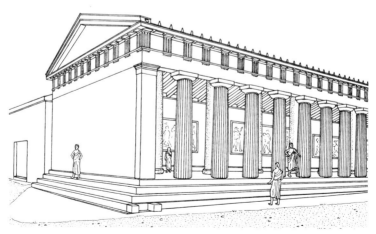

绘画柱廊。无论是其中的画作，还是聚集在那里的人，都能让它成为雅典的荣耀

柱廊"Stoa"一词演变而来的)。无论如何,绘画柱廊都值得一看,毕竟它也算雅典最著名的建筑之一,更何况它还是学习哲学的好地方。这里夏天非常凉爽,冬天太阳的高度角小,朝南的柱廊会被晒得暖暖的。

如果你比较喜欢探究事物更现实的多样性,那可以去充满贵族气息的奥罗路斯(Oloros)家拜访他的儿子修昔底德。修昔底德是个有点严肃的年轻人,他偶尔也有奔放的情感,但(从临床医学角度上来说)这些情感都被冷静、敏锐和客观的智慧压抑着。他的家族和雅典著名的政治家客蒙是亲戚,而且在希腊北部色雷斯地区的金矿开采领域很有影响力。伯罗奔尼撒战争爆发时,修昔底德指挥色雷斯地区的军队对抗斯巴达将军伯拉西达(Brasidas),并以失败告终。于是他便转而开始记录雅典在与斯巴达及其盟国较量中的兴衰起伏,还因此发明了历史写作的技巧。

在历史写作方面,修昔底德有一位著名的前辈,他就是上个年代的作家希罗多德(Herodotus)。希罗多德的著作《历史》(*History*)就是个装着各种逸事、神话和旅行见闻的口袋。作为历史学家,希罗多德在这本故事集中娓娓道来,不停地偏离主题,但又总能成功地回到叙事的主线上来。在人们的想象中,他可能是那种在小酒馆里被朋友簇拥着,讲一个故事就喝一口酒的人。然后听故事的人又给他倒上一杯酒,说"你真应该把这些故事写成一本书",于是就有了《历史》这本书。

我们很难想象出修昔底德在酒馆里的样子,因为他不怎么喜欢跟人打交道,他热爱的是事实。在古代的历史学家中,几乎只有他是以中立的态度进行历史写作，不给历史找借口，也不将其加以美化，只说发生了什么，并尽量解释清楚。

修昔底德非常自信地说："我知道有些人会觉得这个历史的趣味性不够，因为它没有神话传奇色彩。如果那些想清楚地了解过去发生了什么的人认为我的文字有帮助，那我就满足了。因为人的本性就是如此，这种情况还会在将来以同样的方式出现。这本书不是为了迎合当下大众的喜好，而是为了能够永远流传下去。"

> *斯巴达的城市形象并没有达到人们的期望值……我们无权用形象来评判城市的好坏，而应该去看看它们真正的实力。*
> ——《伯罗奔尼撒战争史》· 1.10

几千年后的历史学家将会证明修昔底德的能力。历史学家们认为，其他古代作家的作品存在着很多缺点和不足，他们要么对此予以容忍，要么为此感到恼怒。但说到修昔底德，他们就像在谈论一位资深的同事，而他只是刚刚离开现场。由此可见，修昔底德着实是一位伟人。

雅典在几乎所有领域都有天才。如果喜欢视觉艺术，可以去看看菲狄亚斯（Phidias）的工作坊。不过没必要专门去那里看他的作品，因为如果乘船来雅典，在60多公里外的苏尼翁就能看到菲狄亚斯在卫城上创作的青铜巨像"普罗迈乔司的雅典娜"（Athena Promachos）手持的长矛和头戴的战盔（"promachos"的意思是"在前线作战的人"）；如果途经德尔斐来雅典，在德尔斐也能看到他的作品，那里有他为纪念马拉松战役而创作的著名纪念碑群雕。

五 雅典名人

可惜他的杰作不在雅典，而是在奥林匹亚。那里坐落着世界七大奇迹之一的宙斯巨像。走进宙斯神殿的密室，就能看到这座宏伟的雕像，看到众神之王宙斯威严地坐在他的宝座上。这座象牙雕像比真人大了好几倍，身披黄金长袍，看起来栩栩如生。［如果传言属实，在宙斯的小拇指上会看到"潘塔科斯"（Pantarkes）的名字，他是菲狄亚斯当时爱恋的青年。］

我们不难发现菲狄亚斯创作的灵感源泉。如果路过雅典附近的米利忒德莫，就去看看赫拉克勒斯神殿。在那里能看到一座栩栩如生的神像，它是菲狄亚斯的老师埃勒斯（Eleas）的作品。

菲狄亚斯对帕特农神庙（未来将成为雅典的标志性建筑）的设计产生了巨大影响，但他不大可能亲自参与创作其中著名的浮雕饰带。这些浮雕饰带是大理石材质的，而菲狄亚斯擅长的是青铜造像。参与建造雅典卫城的人，有谁会不拿出自己的看家本领呢？不过我们在前文提到过，帕特农神庙（"帕特农"的意思是"处女"）外面的"普罗迈乔司的雅典娜"巨像就是菲狄亚斯的作品。在神庙内也有他的作品，那就是用象牙和黄金打造的处女雅典娜像（Athena Parthenos）。雅典娜

奥林匹亚宙斯巨像。用象牙和黄金雕刻而成，令观者望而心生敬畏，是世界七大奇迹之一

普罗迈乔司的雅典娜:雅典的守护神本身就是位勇猛的战士

可能是菲狄亚斯最喜欢的题材,但大家普遍认为,菲狄亚斯在这座雕像的塑造中实现了自我超越。雅典娜像金光闪闪,守护着她的城市。她一只手轻轻扶着盾牌(菲狄亚斯在盾牌的装饰中融入了自己和伯里克利的肖像),另一只手托着胜利女神的小雕像。

处女雅典娜像之所以看上去金光闪闪,是因为它的外面包裹着重达44塔连特(约合1.14吨)的黄金。所以雅典娜不仅是雅典的守护神,也是雅典城的宝库。因此,神像所在的大殿不是对所有人开放的。雕像上的黄金采用了特殊的设计和贴饰方法,在需要雅典娜慷慨解囊的时候,人们就能将她身上的黄金取下来。顺便说一下,这也就是为什么我们到处都能看到菲狄亚斯的雕塑作品,还能看到他的工作坊和他的学生们,却唯独看不到他本人，那是因为他被放逐了。

菲狄亚斯在雅典卫城的重建工程中与伯里克利关系密切，因此也就成了伯里克利的政治敌人们攻击的目标。他被指控贪污装饰女神像的黄金。当伯里克利无力保护他时，菲狄亚斯逃到了希腊南部的伊利斯（Elis）。他正是在那里创造了前文提到的世界奇迹奥林匹亚宙斯巨像。天才无法避免被卷入卑鄙的政治纷争，也无法避免遭到小人的妒忌，这种事不会是最后一次发生。

菲狄亚斯的学生们在雅典继续进行着雕像创作，但菲狄亚斯的拟古主义已经让位于现实主义，学生们的作品几乎都是人类雕塑。这种发展让一些人感到困扰，因为雅典的雕像被上色后看起来过于逼真。即便是在一个世纪后，雅典进入一个更成熟的时代，伟大的雕塑家普拉克西特利斯（Praxiteles）创作出著名的雕像《尼多斯的阿弗洛狄忒》（*Aphrodite of Knidos*），女性裸体雕塑的概念依然让人们经历着思想上的挣扎。这种挣扎甚至会表现为身体上的，而且在很长一段时间里，恋石癖（想要和雕塑发生关系的行为）都将是一个严重的问题。

一些雅典戏剧作家的作品在几千年后依然在为剧场舞台增光添彩。到了雅典，如果不去拜访一下这些剧作家，那这趟旅程就不算完满。遗憾的是，古希腊最伟大的悲剧作家鼻祖埃斯库罗斯（Aeschylus）已经过世了。他参加过抵抗波斯人的马拉松战役，还是雅典戏剧的代表性人物，而且游历非常广泛。在20多年前，他惨遭横祸，死在了西西里岛的革拉城（Gela）。当时有只鹰抓起一只乌龟，想用石头打碎坚硬的龟壳，于是把乌龟从高空扔下来，结果正好砸在埃斯库罗斯的光头上。那只乌龟活没活下来，我们无从得知，但我们知道，埃斯库罗斯被乌龟砸死了。他的作品被儿子们传承了下去，直到现在还经常被搬上戏剧舞台。如果你喜欢戏剧的话，一定要提前安排好去雅典的时间，以便能赶上勒奈亚节或狄俄尼索斯节。这两个节日中的一项重要庆祝活动就是戏剧比赛，在此期间会有很多剧作首次公演。你可以专门去看看埃斯库罗斯的剧作《特洛伊的女人》(*The Trojan Women*)、血腥的《阿伽门农》(*Agamemnon*)，或是悲剧《七将攻忒拜》(*Seven Against Thebes*)。这些剧作通常都会在勒奈亚节或狄俄尼索斯节期间上演。

在世的最伟大的悲剧作家可能要数索福克勒斯（Sophocles）了。介绍索福克勒斯，只说他是《俄狄浦斯王》(*Oedipus the King*) 和《俄狄浦斯在克罗诺斯》(*Oedipus at Kolonos*) 的作者这一点就足够了。他生前没能完成《俄狄浦斯在克罗诺斯》这部作品，但他已经完成了100多部剧作。顺便说一句，索福克勒斯就出生在克罗诺斯德莫。他曾是个英俊的青年，这可能是他都已经人过中年，却还有臭名昭著的恋童癖的原因吧（索福克勒斯出生于公元前496年波斯战争期间）。

索福克勒斯和他著名的前辈埃斯库罗斯一样，不仅是一名剧作家，还是一位声名远扬、久经沙场的将军。在一次出征时，索福克勒斯夸赞一个年轻新兵俊美非凡，结果

> 索福克勒斯比欧里庇得斯更伟大。
> ——阿里斯托芬所著的《蛙》中赫拉克勒斯的话·92

遭到伯里克利的严厉训斥：作为一名将军，双手要干净，思想也要干净。

现在尽量别去索福克勒斯家打扰他了，他正忙着创作《底比斯戏剧》(*The Theban Plays*)。这部剧作将于下一年在雅典公开首演，并将囊括所有戏剧类的奖项。索福克勒斯不仅是雅典戏剧界的元老，而且他还将推动戏剧表演朝着新的方向发展，包括加强演员的角色，将歌队降为辅助角色（歌队曾是古希腊戏剧的主要表演形式）。他的文风充满末世气息，简明清晰、犀利尖锐，也对推动戏剧表演的新发展起到了积极作用。

> 如果拥有最高贵的阿卡亚人（Achaeans）血统，却被愚蠢所困扰，那他不如躲在地狱里。他没有继承祖先的性情，而是冲动好战。哦，忒拉蒙（Telamon），不幸的父亲，你的儿子背负着多么沉重的诅咒啊！
> ——索福克勒斯·《埃阿斯》(*Ajax*)·635FF

如果崇高的悲剧不是你的菜，人类与神和命运的抗争让你渴望来一壶好酒，吃一些蜂蜜蛋糕，也许你应该暂时告别剧场，等过几年阿里斯托芬的剧作登上舞台再来。

索福克勒斯的剧作弥漫着哀伤的气息，阿里斯托芬的剧作充斥着黄色的笑话。修昔底德写作追求的是永恒的价值，阿里斯托芬在写作中穿插的都是当代的时事和圈内的笑话。他对当权者的犀利挖苦足以穿透人心。其实，观看阿里斯托芬戏剧的一大乐趣就是看那些被挖苦讽刺的人坐在看台上，用僵硬的笑容掩饰紧咬的牙关。阿里斯托芬甚至也会温和地嘲讽雅典民众，比如在

《鸟》(The Bird)中有这样一段话：

> 哦，是你们，在空中创造了辉煌的城市。你们不知道这座城市有多受人尊重，又有多少人渴望在这里生活。在你们的城市建成之前，所有人都是斯巴达的崇拜者：他们留长发，进行斋戒，身上脏兮兮的（像苏格拉底一样），手里还拿着一根长棍子。现在一切都变得不一样了。他们天一亮就起身去购买食物，然后飞奔着去浏览公告，还会如饥似渴地阅读法令。跟鸟类智力水平相当的人（愚蠢的人）到处都是，所以很多人都有鸟类的名字，比如，迈尼普斯（Menippus）叫自己燕子；欧珀修斯（Opontius）叫独眼乌鸦；菲罗克勒斯（Philokles）叫云雀；……麦迪阿斯（Midias）叫鹌鹑，其实他长得就像一只头部被重击过的鹌鹑。成千上万的人都会来这里跟你要羽毛和钩状的爪子，所以务必要为外邦移民准备好大量的翅膀。
>
> ——阿里斯托芬·《鸟》· 1605FF

阿里斯托芬此时还是个年轻人，他天真烂漫地在雅典闲逛，感受着都市的繁荣和他那个时代的精神力量。不过他已经发现，将盟友变成附属国加以利用的那些人是多么虚伪。他逐渐开始蔑视那些他认为正在把雅典引入歧途的煽动者。当战争爆发时，他为无谓的悲剧和生命的浪费感到震惊，并通过戏剧为和平大声疾呼。他在第一部传世剧作《阿卡奈人》(The Acharnians)中塑造了一个人物，这个人私下签订了一份和平条约，选择退出战争，并因此大受神益。

阿里斯托芬认为，雅典最好的时代就是现在这个时代。他在后来的剧作中常常提到这个时代，此时的雅典帝国还未遭到战争或瘟疫的蹂躏，满怀信心地迎接未来。阿里斯托芬笔下的典型角色是保守的、讨厌社会变革的、想独自享受传统生活方式的人。这样的角色正是典型的雅典人，因为他（或"她"——阿里斯托芬喜欢塑造女主人公形象）任性、固执、精力充沛，而且只要暴力有用，就乐于用暴力来解决问题。

在政治、艺术、戏剧和哲学领域，公元前430年的雅典不仅是古希腊的引领者，也是全世界的领跑者。前文提到的那些人才都在他们各自的领域努力开拓着，为构建未来的西方文明奠定了基础。他们是第二代开拓者，在梭伦和克利斯提尼（Kleisthenes）等人的政治成就，以及埃斯库罗斯和希罗多德等人的艺术成就基础上，他们又取得了新的进展。这些人才包括柏拉图、亚里士多德和德摩斯梯尼（Demostehenes）等。他们将成为榜样，被后世颂扬。但所有人都会回顾过去，渴望回到现在的雅典，生活在这个辉煌的黄金时代。

六 活 动

上午到普尼克斯山参加公民大会 & 下午到剧场看戏剧 & 晚上去参加会饮

迪麦斯（Demaes）：德摩斯梯尼教我（政治修辞）？那倒不如说雅典娜也能向母猪学习。
德摩斯梯尼：那是前几天在科里特斯（Kollytus）的一家妓院里工作的雅典娜。
——普鲁塔克·《德摩斯梯尼传》（The life of Demosthenes）·11

上午到普尼克斯山参加公民大会

在阿果拉和雅典其他著名的地方，每个月（法院开庭和宗教节日期间除外）都能至少看到一次这样奇特的场面：奴隶们走在前面，西徐亚弓箭手跟在后面。他们在阿果拉的一边拉起红色的绳子，然后缓慢地往前移动。在场的女人和奴隶都会悄悄溜走，很多男人也会这么做。其余的人虽然忙着自己的事，但都会对正在靠近的红绳保持警惕。很多人会允许红绳靠近，但每个人都会小心翼翼地避免被绳子碰到。绳子上的染料还没干透，碰到衣服或身体就会留下印迹。

为了避免被绳子碰到，人群开始向三百多米外的普尼克斯山移动，一开始移动的速度很慢，后来越来越快。所有人都不想在狭窄的街道上成为最后一个，因为拥挤减缓了人群移动的速度，绳子就会赶上他们。落在后面的人会被绳子留下红色的印迹，并因此遭到罚款，原因是在去参加公民大会（希腊语为"ekklesia"，雅典公民的集会）履职的路上拖拖拉拉。

关于雅典民主制度，我们首先要注意到，它是充满争议的。在这一制度下的政治举措令希腊上上下下的贵族们深恶痛绝，甚至连它的名字都是遭人厌恶的。"Demos"的意思是"人民"，"kratos"最直白的意思是"统治"，由这两个词组合而成的"民主"实际上是一个相当负面的词，带有暴民统治的内涵。更合适的表达应该是"有限民主"（demarchy）或"人民统治"（rule by the people）。但当代很多研究民主制度的作家都是贵族，他们认为雅典的民主制度就像两头狼和一只羊投票决定晚餐吃什么。他们据此使用相应的语言，这种用法就会一直延续下去。

雅典民主制度下的选举并不是全民普选。它的字面意思是"一人一票"，但这里的"人"指的是"男人"，而且有非常具体的标准限制：他不能是未成年人（法定投票年龄为20岁），也不能是外邦人或奴隶。从政治意义上来讲，"人"指的是具有良好声誉的雅典男性公民。在雅典的全部人口中，符合这些标准的只有百分之十。所以在普尼克斯山举行公民大会期间，雅典城也绝不会显得空荡荡的。此外，由于无法采用委托投票或通信投票的形式，公民必须到现场投票。有些人可能会因为生意、战争（最近雅典在埃及的一场战役中遭受了重创）或家庭事务外出，所以"纯粹的"民主可能只涵盖总人口的百分之五。但雅典的民主制度令大多数雅典人引以为傲，所以千万别把上面的想法大声地说出来。

雅典的全部人口约三万，如果所有人都能去投票的话，普尼克斯山恐怕容纳不下。这也就是为什么陶片放逐投票（法定人数要求达到6000人）会选在阿果拉进行。当几千名议员都到普尼克斯山来参加公民大会时，这里就会变得拥挤不堪。"普尼克斯山"这个名字就源于"拥挤不堪的"这个词。但如果是3000人到4000人的常规会议，山上就还有地方能容纳无投票权的旁观者。所以你可以放心地到山上来散步，但要留意弓箭手们把守的那排路障。这些路障是为了将旁观者与投票者隔开。

从外形上来说，普尼克斯山没什么好看的。它是个朝南的山坡，有一个斜坡，站在上面能看到讲台（希腊语为"bema"）。这个讲台位于山脚下，就是一块扁平的石头。

负责监督公民大会事务的九名官员会采取一些防晒措施（下雨预示着神的不悦，大会可能会因此提前结束），而其他人就坐在露天的地方。从建筑的辉煌程度来说，普尼克斯山非常简陋。但这个尘土飞扬的斜坡却是世界上第一个举行定期民主集会的地方，它也因此成了世界上最重要的一小片土地之一。

等所有人跟朋友们打过招呼，找到合适的地方坐下，大会就开始了。在大会期间，人们偶尔会听到愤怒或抗议的喊叫声。当有人被发现没有参会资格时，甚至还会发生小规模扭打。任何雅典人如果出现以下行为之一，就会失去参加公民大会的权利，包括欠国库的钱、殴打父母、从德莫的选民登记册中被除名或为了快速逃离战场而丢弃盾牌。

所有人查看过旁边的人，并确定在场的所有人都有参会资格后，祭司们会净化这片区域，传令官会依照惯例诅咒非法闯入者和企图误导大家的人。紧接着大会议程就正式开始了。传令官会先说一句标准化的开场白："谁想要发言？"从理论上来说，所有人都可以站起来发言，被选中的人就可以力陈己见。但想要把自己的观点传达给成千上万名有高度批判精神的听众，需要强大的勇气，还需要强大的肺活量。此外，绝大多数发言人都是修辞学老师这类的半职业演说家，或是公认的演说家。他们非常乐于剖析业余演说者在逻辑或语言上的漏洞，并在大庭广众之下羞辱他。绝大多数人更愿意做个平平庸庸的、保持沉默的大会成员。这些人通常被称为"白痴"。从那时候开始，职业政客就已经这样看待选民了。

> *没有比向公民大会说谎更大的罪行了。当政治活动依赖于演说内容时，如果演说人是骗子，那政治活动该如何开展呢？*
> ——德摩斯梯尼·《论使馆》（Speech on the Embassy）·19.184

> *克里昂（Kleon）在讲台上不得体地叫喊，粗鄙地谩骂。*
> ——亚里士多德·《政治学》·28.3

公民大会讨论的议程通常都会由一个叫作"五百人议事会"（希腊语为"boule"）的专门委员会提前准备好。外邦使节会直接向公民大会做报告，公民们会根据听到的信息决定雅典的外交政策。如果讨论的是技术性事项，演说人通常需要具备相应的专业知识。如果讨论的是政治性事项，所有人都可以发表意见，无论是鞋匠、船长，还是贵族，都不例外。

> *如果有人想对此（造船）提出建议，但大家*

> 不认为他是造船工，即便他富有、英俊，又是贵族，他的建议也不会被采纳。人们会嘲笑他，奚落他，并轰他下台，直到他停止发言，在起哄声中离开讲台，或是被弓箭手从讲台上拉下去，大家才肯罢休。如果主持公民大会的官员做出决定，他还可能会被赶出会场。

公民大会的议程会预先公布（比如，在卫城南坡上的狄俄尼索斯神殿就能找到公告），很多人在来参会之前就已经想好了要怎么投票。对于大会该怎么投票，议事会有时会表现出强烈的倾向性，基本上就是寻求大会批准他们的提案（但并不能完全保证会被批准）。

在当时的雅典民主制度下，议事会扮演着重要的角色，政客们因此被限制成为议事会成员。议事会成员的挑选具有随机性。就像陪审员一样，他们和其他重要官员几乎都是随机抽取产生的。在一年的任期内，没人能确定自己将会被分配到什么岗位去履职。但每个人在同一个岗位上都只能任职一次，这倒是能让人感到些许宽慰。

雅典的公民大会分为很多种：有的是为了颁布法令，推动雅典人采取某种行动；有的是为了推选将军，或在战后奖励或谴责现任将军；还有的是为了通过或修订法律［法律起草工作由另一个叫作"立法委员会"（希腊语为"nomothetes"）的机构负责，相关的法律草案会在阿果拉提前公布］。

所有这一切都会由主持大会的官员监督。这些官员与大会的关系类似于驯兽师与狮子的关系。他们一开始是大会的主宰者，当参会者普遍认为他们无权主宰时，局面就可能会变得非常混乱。根据以往的经验，雅典当局规定，对这些官员实施人身攻击，会被处以50德拉克马的罚款。这在一定程度上使他们的人身安全得到了保障。聪明的官员都知道什么时候应该优雅地退让，但苏格拉底（本性使然）后来却单枪匹马地想要推翻大会的决议，拒绝批准对蒙冤的雅典海军将领动用私刑。（但大会还是处决了这些将领，后来又后悔做了这个决定，并针对"将他们引入歧途的那些人"制定了一系列法律。）

> 今天要开公民大会，现在已经早上了，普尼克斯山上却还一个人都没有。
> 他们在阿果拉到处闲聊，匆忙地躲避着染红的绳子……
> 我到这里来，已经准备好了要制造混乱和争吵，以及打断演说人。
>
> ——阿里斯托芬著《阿卡奈人》中
> 狄开俄波利斯（Dikapolis）的话·*19FF*

公民大会的气氛通常都是活跃而有序的，这主要是因为雅典人对演说人的要求很高，也很欣赏高水平的演说。如果有像克莱昂这类臭名昭著的煽动者站起来发言，会议的气氛就会变得更加活跃。他需要时不时地要求大家安静下来听他讲话，至少听他说清楚建议的理由。如果遭到反对，他就会大声地吼回去，并辱骂批评他的人。

主持会议的官员有权决定什么时候停止演说，进行投票表决。参会者有时也会对官员的决定提出反对意见，出现这种情况

> **相关信息**
>
> 普尼克斯山是露出地面的一组岩层中的一处,另外两处分别是宁芙山和缪斯山。
>
> ****
>
> 普尼克斯山之所以被选为召集公民大会的地方,可能是因为它的凹形坡是一个天然的半圆形剧场。
>
> ****
>
> 后来的暴君们改造了普尼克斯山,现在当人们看向演说人时,就看不到大海了。雅典人认为是航海精神造就了民主思想。
>
> ****
>
> 演说人必须年满20周岁,并且服过一段时间的兵役。
>
> ****
>
> 公民大会每年召开40次左右。
>
> ****
>
> 有怀疑精神的修昔底德说,公民大会顶多也就5000人参加。

的话,大家就会继续讨论。不过会上讨论的事项最后都要经过投票表决,基本就是赞成的举手。大会不对票数进行详细统计,如果票数看起来相近,要么就继续讨论,要么就暂时搁置。在黄昏前还无法决定的事项,都会被搁置再议,因为计票器(计票官员的眼睛)在晚上无法工作。

下午到剧场看戏剧

如果来雅典的时间合适,就能享受一场戏剧的盛宴。合适的时间是爱拉斐波里昂月(Elaphebolion)9日至13日(大致相

酒神的女祭司（狄俄尼索斯的女信徒）在他的画像前吹奏双长笛、表演舞蹈

当于公历的 3 月 24 日至 28 日），也就是这个月的四分之一至满月的这段时期。这期间是酒神狄俄尼索斯的节日，这时葡萄收获已有半年，第一批美酒佳酿已经可以品尝。雅典人从不反对为醉酒狂欢找借口，整个雅典城都喜欢在城市酒神节尽情宣泄释放。埃勒奥特雷（Eleautherae）是阿提卡边界上的德莫，它与上帝有着特殊的联系。传说它曾是一个独立的国家，但因为惧怕邻国底比斯，自愿成了雅典的德莫。作为统一的象征，埃勒奥特雷人给雅典人送去了一座古老却非常受人尊敬的木质雕像，代表着他们的守护神狄俄尼索斯，结果却被雅典拒收了。被冒犯的神明让雅典人遭受了瘟疫的惩罚，雅典人为表歉意，设立了狄俄尼索斯节。

狄俄尼索斯节第一天，微醺的年轻男性公民会组成一支游行队伍，手持火把，将狄俄尼索斯的雕像从阿卡德米学园附近的神殿"请过来"。通过游行中展示的山羊皮（山羊象征着生殖能力）和酒神二轮战车，我们可以明显看到戏剧中经常涉及的性暗示。为酒神拉车的是一头骡子，骡子没有繁衍能力，沉迷于性爱只为消遣，以此来象征毫无意义的快乐。

第二天，一支官方的游行队伍会前来迎神，酒神的雕像此时已经重新安放在剧院街区的神殿中。走在游行队伍最前面的是负篮者（希腊语为"Kanephoros"）。负篮者是一位贵族少女，头上顶着金篮子，里面装满了献给酒神的祭品，其中最多的就是狄俄尼索斯最爱的酿酒原料——葡萄。游行队伍中的一些人戴着王冠或花环，另一些人穿着自己最好的紫色、橘色或金色长袍，还有一些人挥舞着巨大的阳具，发出淫秽的叫声。这个节日庆祝的是不竭的生命力。

节日期间会举行很多献祭仪式，其中包括传统的山羊献祭，用无辜的山羊（代罪羔羊）为众人赎罪。在仪式完成后，人们会坐下来享受一场精彩的戏剧盛宴。戏剧成为独立的艺术门类

一支游行队伍（带着山羊）走向神坛

六 活 动

至今,仅仅经过了三十年的发展。但是就在雅典这一座城市里,现在竟然同时生活着世界上最伟大的几位剧作家,他们正在创作的戏剧将会传承数千年不断,这真是让人无比震撼!

靠近酒神的女祭司时要多加小心!她们一旦陷入疯狂,就会把动物撕成碎片,生吞下去

还有其他的剧场能看戏剧表演。有些人还在效仿最初的演员(见下页的"相关信息"),在马车后面经营着流动的剧场。

伯里克利剧场(Odeion of Perikles)就绝对值得一去。它是一座宏伟的建筑,位于雅典卫城的南坡上。它的顶部是以波斯王的帐篷为参照模型设计的,采用了从顶心向四周倾斜而下的造型。希腊在公元前479年的普拉提亚(Plataea)战役中确实俘获了波斯王的帐篷,所以不用怀疑这个模型的准确度。这座剧场主要用于举办音乐活动,特别是在泛雅典娜节期间举办歌唱表演、长笛和西塔拉琴(kithera,竖琴的一种)演奏等。但如果你想有一次完整的戏剧体验,那就只能去一个地方,就在伯里克利剧场旁边。它就是狄俄尼索斯剧场。在这里,参赛者们会表演他们的戏剧作品,角逐年度最佳剧目奖项;在这里,神会保佑并鼓励他们为创作所付出的努力;总之,这里就是宏伟壮观的希腊梦剧场。

狄俄尼索斯剧场距离雅典卫城很近。为了能让露天看台围绕舞台和乐池这个焦点形成一个巨大的半圆形,人们在修建剧场时

93

不得不将卫城所在的小山凿掉一部分。舞台和乐池后面有一座结实的两层建筑（希腊语为"skena"），中间有廊柱支撑，上面挂着绘在画布或幕布上的舞台背景。乐池是歌队表演舞蹈的地方，也是相当一部分戏剧动作的主要焦点。直到最近，乐池一直都是戏剧中唯一的焦点。后来在公元前5世纪，希腊开始了一场知识革命。为了演绎歌队合唱的悲剧（"山羊之歌"）所描写的主人公的英雄事迹，戏剧表演中增加了演员的角色，于是乐池就不再是唯一的焦点了。

> **相关信息**
>
> 性爱和谋杀情节不适合呈现给观众，会在幕后（希腊语为"ob skena"）完成。"淫秽的"（"obscene"）这个词就是从这里来的。
>
> ****
>
> 悲剧可能始于为无辜的山羊（代罪羔羊）唱诵的挽歌。这些山羊是为了给众人赎罪而献给神明的祭品。
>
> ****
>
> 在剧场动工前，就已经制定了保证其出色的传声效果的精准方案。
>
> ****
>
> 有时人们会在看台上精心放置大陶瓮来调节声波。
>
> ****
>
> 悲剧演员这个词源于伊卡里亚岛（Icaria）的泰斯庇斯（Thespis）。在公元前6世纪，泰斯庇斯成了第一位为人所知的、演绎过剧本台词的演员。

剧场上午演出的是悲剧，主题是人性与现实的痛苦碰撞。这些悲剧通过精巧的构思让观众压抑的情感得以宣泄（希腊语叫作"katharsis"，意思是情感净化），因剧中人物引起的同情和怜悯感（希腊语叫作"pathos"，意思是感染力）让后来的时代有了"可悲"这个词。随着历史的发展，悲剧成了希腊最具影响力的文学创造

六 活 动

喜剧演员们戴着面具、穿着棉袄,将皮革仿制的阳具模型晃来晃去

之一。悲剧正是在雅典的狄俄尼索斯节上,作为一种文学体裁被赋予明确的形式。悲剧的故事情节取材于神话和英雄传说,这些传说通过诗歌为观众所熟知,其中就包括《荷马史诗》。众神和血雨腥风大量交织在以性爱、谋杀和肆意暴力为特征的情节中。谋杀就像性爱一样,常常发生在主人公的家里,但杀人的过程会在幕后完成,然后用各种戏剧手法将尸体送上舞台,让观众有撕心裂肺的强烈感受。

这些悲剧作品中融合了大量的音乐元素,每部剧中都有大约五首合唱歌,这使得希腊悲剧在很多方面都很像歌剧。整场复杂表演的台词一般用的都是诗体(被称为"三音步抑扬格")。许多人认为,悲剧是从另一种形式的晨间娱乐项目——

萨堤尔剧（the satyr play）演变而来的。萨堤尔是一种半人半羊的生物，它嗜酒、好色，是狄俄尼索斯的随从。萨堤尔剧就是以这种神秘生物为主角的戏剧。它是一种最古老的希腊戏剧形式，主题涉及谜语，与火、酒、音乐等事物产生相关的寓言，以及狄俄尼索斯被众神之后赫拉逼疯后，萨堤尔随他流浪的故事。

每部戏剧的表演都会在号角声中拉开帷幕。观众很清楚接下来的内容，因为在狄俄尼索斯节开始会有一个仪式，为观众介绍所有的演员和剧作家。但是一部戏剧的成功，大部分的功劳不会归功于剧作家或演员，而是会归功于整合资源、促成戏剧上演的赞助人（choregos）。戏剧演出的花费很高，赞助一场戏剧演出被视为一项公共事务和一种对城邦的贡献，基本相当于给雅典提供一艘军舰或建造一座公共建筑。富人这么做不仅能展现自己的公共精神，还能以此作为一种交税方式。赞助戏剧演出是很值得做的公共事务，因为得奖的戏剧作品能给赞助人带来不朽的名望。

最佳戏剧作品将会赢得铜制的三足鼎奖杯。人们会沿着狄俄尼索斯神殿通向雅典卫城东部和东北部的道路展示这些奖杯。奖杯上面还会刻上赞助人、乐师、剧作家和雅典首席执行官的名字。

虽然希腊悲剧中有很多最令人印象深刻的女性形象［比如，美狄亚（Medea）和安提戈涅（Antigone）］，但雅典女人并不会在舞台上参加表演，她们的角色会由男人扮演。这些角色很容易模仿，因为剧场很大，观众很难看清演员的细微动作或面部表情。事实上,面部表情根本就看不到,因为演员们都会戴着面具来扮演固定类型的角色。(如果这部剧得奖了,演员们会在演出结束后将面具献给狄俄尼索斯,感谢他的保佑。)

看完上午的演出,观众的情感得到了彻底的宣泄。他们会先去吃一顿丰盛的午餐,再来一两杯美酒,然后准备欣赏下午的喜剧表演。此时(和稍晚些时候)的狄俄尼索斯节会为观众呈现五部喜剧作品,可以去关注一下顶级剧作家克拉提诺斯(Kratinus)、欧波利斯(Eupolis)和(后来的)阿里斯托芬。不过,我强烈建议内心脆弱的人下午去找点别的消遣方式,因为这些剧作家如果不被绑起来受点折磨,就永远不知道什么叫作"束缚"。在喜剧表演中,毫无节制的黄色笑话和粗俗不堪的两性幽默段子与人身攻击和政治讽刺交织着,一股脑儿地冲击着观众的情感。观众的反应通常也很激烈,他们会对表演加以评论、辱骂,还会上演闹剧式的起哄、喝倒彩。

喜剧表演与上午文雅的悲剧表演不同,它的舞台上会出现女人的身影。这些女

喜剧演员。这个角色的巨大嘴巴可能起着扩音器的作用

人通常是在需要更写实的情节中演绎裸体形象。她们扮演的角色不需要台词,而且这些"女演员"在现实生活中和(通常)在舞台上的角色都是奴隶。她们以这样的方式提醒着人们:在雅典人的生活中,到处都是肆意的残酷,即便是在他们最放松、最快乐的时候也不例外。

悲剧中通常有三个讲台词的演员,而喜剧中会有四个,有时甚至更多。喜剧演员不用像悲剧演员那样被厚重的长袍束缚,他们可以穿及膝的短袍,并在里面加上衬垫来营造怪诞的效果。有些演员还会在两腿之间戴上巨大的、可以晃动的皮质阳具模型,进一步增强了这种怪诞效果。(希腊人认为,更小一些的、比例完美的生殖器更具美感。)喜剧一般取材于城市当下面临的问题,并会就此提出解决方案。方案越是荒诞奇异,就越受观众喜欢。结果就出现了这样的方案:有个人骑着一只会飞的甲虫上了天堂,向众神当面请愿。他想改变城邦的现状,请求众神将财富的化身——普路托斯(Ploutos),送到雅典城来消除贫困。还有更离谱的方案说,通过赋予女性投票权就能解决雅典的各种问题。

喜剧之所以有锋芒,是因为它的侮辱诽谤和滑稽怪诞既粗俗又精致。喜剧对(上午欣赏的)悲剧传统既有借鉴又有颠覆。为了达到嘲讽的目的,它还极尽阿提卡方言的精妙之处。如果说上午的悲剧是情感的宣泄,那下午的喜剧就是畅快的政治表达。在其他任何时代或文明中的国家,领导人都不会允许别人如此猛烈地嘲讽自己。总之,雅典喜剧是无情的、粗俗的、残酷的、政治上不正确的,又是极具趣味性的。

六 活 动

晚上去参加会饮

我打算邀请奥托吕克（Autolykus）和他父亲来参加会饮。如果有你们这样的名人光临寒舍，那一定能让会饮更加精彩。

——色诺芬·《会饮》·1

如果你在雅典有认识的人，那你在雅典期间几乎肯定会被邀请参加一次会饮。一般来说，女人最好拒绝这种邀请，除非她们是交际花（见下文），或者打算成为交际花。男人在接受邀请前要仔细询问清楚。有些会饮讨论的可能是索福克勒斯对神话寓言的运用，以及他的三音步的节奏是否规律。这期间会伴有美妙的七弦琴音乐，还有稀释得像水一样的葡萄酒助兴。但有些会饮可远不像这般文雅，其间会有跟裸体的长笛女孩饮酒作乐的，有喝醉了乱砸家具的，还有把液体喷得到处都是的。还有些会饮的雅俗程度介于上面这两种极端情况之间。你可以根据自己的喜好做出选择。

至于晚上的会饮是什么风格的，宾客在刚进门的时候就能获得更多线索。如果是饮酒作乐式的会饮，一进门就能闻到玫瑰和桃金娘的香气；如果是需要保持头脑清醒的会饮，闻到的将是绣线菊的香气；如果闻到的是紫罗兰的香气，那在会饮上就能吃到精美的点心。宾客们（通常是 15 人到 30 人）会去"男人的房间"（专用房间），一两个人共用一张沙发椅。（斜倚在沙发椅上时，要用左肘撑起身体，不要用右肘。）为了让房间的设计低调地显示出

古风式会饮中的宾客。贵族一般喜欢留长发

主人的富有和完美品位,沙发椅和它旁边的矮桌都会被装饰一番,墙上会有昂贵的挂件,地面通常会镶嵌有装饰感的马赛克。

会饮的主要目的正如它的名字一样,就是"一起喝酒",所以要确定一下,会饮前是否会安排晚餐(希腊语为"deipnon")。如果有晚餐的话,一定要吃些橄榄油多的东西,这样能减缓葡萄酒进入消化系统的速度。比如,你可以吃些用小麦和橄榄油做的煎饼(希腊语为"tagenitai"),但记得要选那种混合蜂蜜的,不要选加海盐的,否则吃完会觉得口渴,那这些精心的准备就都白费了。

吃过晚餐,收拾了盘子(有时是桌子),会饮就正式

> 叙拉古人都是大口喝酒,不吃东西。
> ——阿忒纳乌斯(Athenaeu)笔下的阿切斯特亚图(Archestratus)·*101c*

开始了。大家会先进行祈祷,并举行奠酒仪式。奠酒是献给神灵的液体祭品,会饮
中的奠酒就是对诸神的邀请,请他们来与众人共饮。如果大家能够达成共识,那么在会饮结束时也会举行奠酒仪式。参加会饮的男人们都会戴上当天早上从阿果拉买来的花环。

举办会饮的房间里会有一个重要的物件,那就是调酒缸(希腊语为"krater",一种大个的调酒器皿)。仔细观察就会发现,它里面的酒水比例一般是一比三到一比四。这种比例调出来的一大杯葡萄酒跟一杯啤酒的酒精含量差不多。调酒缸的内侧有一圈小标记,会饮主持人(希腊语为"symposiarch")会据此判断大家喝了多少,再喝多少可能会醉。

这些宾客中可能会有几个交际花(希腊语为"hetaeras")。"hetaeras"的意思是"伴侣",以"as"结尾,说明她们是女人,而且还是那种在男人主导的雅典社会生活中有一定地位的女人。简单来说,她们是不被社会规则所左右的女人。她们不是妓女(希腊语为"porne",不是"hetaeras"),但可以随心所欲,也可以只被一个男人关注。她们也不是艺伎,因为她们可能是奴隶,也可能是自由人,有些甚至可能比在座的任何男人都富有。有些交际花是出了名的机智和老练,她们可绝不是谁的宠物。但她们跟妓女有一个共同点,那就是"不值得尊重"。

这些女人会跟男人一起喝酒,可能还会第一个站出来要求主人提供更大的酒杯,以便加快会饮的流程。宾客们通过杯子

古雅典穿越指南

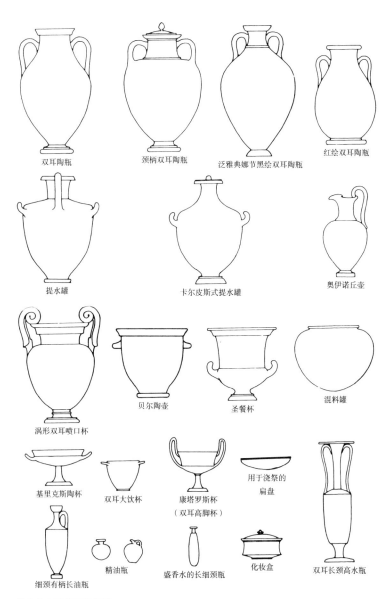

雅典的各种瓶子和酒器

[一种被称为基里克斯陶杯（希腊语为"kylix"）的，形状特殊的酒器]的大小可以再获得一条线索，猜到主人接下来会安排怎样的流程。小而浅的杯子（苏格拉底喜欢的那种）预示着接下来会是一个发人深思的夜晚，宾客们可能会讨论政治或分析社会事务。大而深的杯子预示着接下来可能会有一场生动的戏剧表演（女主角肯定是女性来演），也可能是舞蹈表演，还可能是像"科达博斯"（希腊语为"kottabos"）这类的饮酒游戏。这个游戏要求玩家将酒杯中剩下的酒渣投掷出去，击中指定的茶托。茶托通常会放在烛台上，被射中时便会因为失去平衡而掉下来。

> 找交际花是为了享乐，找情妇是为了满足日常的生理需求，娶妻是为了延续子嗣。妻子是家庭的坚定守护者。
>
> ——德摩斯梯尼·阿波罗多罗斯（Apollodorus）诉涅埃拉（Neaira）·59.122

晚上的会饮一般都会以高雅的方式开始，会饮主持人会先向宾客介绍将要讨论的话题。这时候跟周围的人窃窃

（以酒神为参照标准的）续杯

一杯（太少）有益健康	六杯（失控）东倒西歪的醉态
两杯（能接受的最少的杯数）盛着爱和快乐	七杯（完全失控）打架打得鼻青脸肿
三杯（常规杯数）睡觉	八杯（陷入混乱）邻居给雅典当局打电话
四杯（仍在可控中）傲慢狂妄	九杯（酒精中毒）呕吐
五杯（即将失控）骚动	十杯（需要几个月的时间来恢复）疯狂，乱扔家具

私语是不礼貌的,因为这不符合通过会饮增进集体情感交融的宗旨。发言时要保证所有宾客都能听到,而且出于礼貌(和良好的社交判断力),发言不能太长,也不能太短。

随着夜幕降临,会饮上的活动就逐渐变得没那么正式了。宾客们这时候可以开始小范围的聊天,也可以坐下来玩玩棋盘游戏、掷骰子或"科达博斯"游戏。但并不是所有的会饮都会变成这样,有些更加高雅的会饮从头到尾都只是喝酒和聊天。

> 举行过奠酒、敬神和其他习俗仪式后,他们开始喝酒。包萨尼亚(Pausanias)说:"先生们,我们该用什么样的方式喝酒呢?说实话,我在昨天的会饮上醉得厉害,我需要休息一下。"
> ——柏拉图·《会饮篇》·176A

为了增加欢乐气氛,会饮还会请艺人来助兴,比如,可能会请一个吹长笛的女孩和一个擅长各种杂技的舞女,还会请一个清秀的男孩,用他优雅的竖琴演奏和优美的舞姿来愉悦宾客。这些艺人通常会组成剧团,以参加这类演出为生。色诺芬在《会饮》中这样描述道:在会饮的最后,一个男孩和一个舞女上演了一出小戏,讲述了狄俄尼索斯和阿里阿德涅(Ariadne)的浪

> 你没发现,任何人想在你们谈话的间隙插根头发都难,更别提插话了。
> ——色诺芬所著的《会饮》中,黑摩其尼(Hermogenes)对苏格拉底说的话·6

漫爱情故事。这段表演中充满了情欲，所以在会饮结束后，很多宾客会火速回家去享受床笫之欢。

在没那么高雅的会饮中，宾客就不用费事回家了。这种会饮会变成一场狂欢，宾客和艺人会在沙发椅上成群结对地尽情云雨。到了晚上这个时候，很多男人已经被酒神扑倒在地，于是就此解决了会饮中男女比例失衡的问题。他们在桌子下面安静地打着呼噜，完全不关心接下来的流程。如果眼看着会饮就这么安静地结束了，有些活跃的宾客还会组成康茄舞（希腊语为"komos"）的队形，跳着穿过街道，去参加另一个聚会。这群人中往往不乏雄性荷尔蒙过剩的年轻男性，所以最好离他们远点。如果偶然碰到两群这样的人在街上发生冲突，附近的居民将会享受一场自由式摔跤和拳击的混战盛宴。直到守夜者用大棒将这群人驱散，混战才会停止。

七 众神之城

赫菲斯托斯和他的朋友们 & 雅典娜和泛雅典娜节 & 厄琉息斯秘仪 & 巫术和迷信

在最开始将宇宙看成一台机器的那些人中，有一部分就是雅典人。这些雅典人是哲学家，是"热爱智慧的人"。他们选择追溯事物发生的根源，而不是简单地将所有无法解释的现象都归结到"众神"身上。所以修昔底德认为，既然海啸常与地震同时发生，那么海啸发生一定是因为海床出现了大幅度位移。"不然我就不明白为什么会发生这样的事。"这种说法是具有革命性的，甚至就是异端。以前的人都坚称，发生海啸是海神和地震之神波塞冬的意志，他想让海啸发生就会发生，仅此而已。

但是，如果就此认为雅典是由先验理性主义主导的城市，那你就错了。在这座城市里，众神无处不在。雅典人坚信神是存在的，公开表明自己是无神论者，虽然不至于因此丧命，但也是相当危险的行为。雅典人认为，无神论是不理性的表现，不相信神明就如同不相信阿果拉的存

> 人们曾经无法容忍哲学家，因为他们将神的力量归结为受自然法则和必然性支配的盲目力量，而不认为神能按照自己的意愿行事，这样就削弱了神的力量。
> ——普鲁塔克·《尼西亚斯传》
> (Life of Nikias)·23

在，就相当于声称斯巴达人不存在。神当然是存在的，不过神的本质值得商榷。雅典人的神通常都跟雅典人一样，不喜欢被怠慢，也不喜欢被忽视，在处理关系时还有点不分青红皂白。雅典人之所以不喜欢无神论者，就是因为当神决定对无神论者施以惩罚时，他们可能会因为住在隔壁而跟着遭殃。

赫菲斯托斯和他的朋友们

人类不会爱上神明（宙斯的情况是个例外。宙斯相信肉体意义上的爱，还想与半数人类女性沉溺于这种爱里）。人类也不会崇拜雅典神明的完美。希腊众神都不是完美的，更谈不上无所不能。他们拥有人类的所有缺点，还有些独特的缺点。人们应该认为众神象征着推动世界运转的力量。

大地之神德墨忒尔在温暖湿润的土地上将生命注入谷粒中，让旷野成为金色谷物的海洋。狩猎女神和处女神阿尔忒弥斯将刺激注入猎人和猎物的血管中，她的意愿决定了猎人能否追踪到猎物的气味，弓箭能否命中猎物。坚毅的战神阿瑞斯能启发将军们的智慧，也能蒙蔽他们的心智；能点燃军队斗志，也能让士气低落；能决定重装步兵何时短兵相接，也能决定谁会赢得胜利。否认这些神的存在就等于否

> 阿瑞斯是一个民主主义者，因为在战场之上，人人平等。
> ——阿尔齐洛科斯
> （Archilochus）·*Frag 3*

认玉米长在地里，否认冬天过后春天会来；就相当于在说灵感从不会光顾诗人，也相当于在说打仗、狩猎或出海时，人类能够完全掌控自己的命运。

接下来我们说说赫菲斯托斯吧。他是工匠之神，也是锻造工艺之神。上阵打仗的雅典重装步兵（大部分雅典男性在一生中都要服几次兵役）不一定崇拜赫菲斯托斯，但他一定真心希望为他打造头盔、盾牌和长矛的工匠能小心翼翼地供奉赫菲斯托斯。（这一点非常重要，因为这个时期的希腊人还没能完全掌握在生铁中加碳炼钢的工艺，所以钢质产品的质量会参差不齐。）

赫菲斯托斯是个非常"人性化的"神。他身材矮小，腿还残疾，他的母亲赫拉因此试图假装他不存在。但赫菲斯托斯任性、狡猾且报复心强。（他的酒量也不行，但这是题外话了。）他强迫众神同意将阿弗洛狄忒嫁给他。当得知阿弗洛狄忒背叛了他，与英俊的战神阿瑞斯私通后，赫菲斯托斯打造了一张精巧的黄金网，将这对偷情的男女罩在里面，并让众神来嘲笑他们。赫菲斯托斯对雅典女性也有着特殊的意义，他不仅是雅典娜的哥哥，他

妇女准备用牛献祭

还创造了女性的始祖潘多拉。

赫菲斯托斯拥有属于自己的神殿，也就是赫菲斯托斯神殿（Hephaisteion）。这座神殿坐落在阿果拉西边的山上，位于金属加工区的中心。它是实用性极强的多立克风格建筑中的典范，非常值得一看，特别是其中还有描绘雅典英雄忒修斯功绩的精美浮雕饰带。神殿四周有柱廊环绕，正面有六根柱子，两个侧面各有十三根柱子。这座神殿虽然是神的居所，但除了外观之外，其他部分的设计都很朴实。它由一个前廊（希

赫菲斯托斯正在为阿喀琉斯打造盔甲

神坛：神殿中重要的小室，神的居所	**前柱式**：由柱子构成，而不是由墙壁构成的门廊建筑形式
内殿：神庙内的部分	**前后列柱式**：有前廊和后廊的神庙建筑形式
前廊：内殿前的门厅/门廊/走廊（形式取决于建筑师的审美）	**翼廊**：墙壁和柱廊之间的空间
后殿：神庙后面与前廊类似的门廊（不一定有，通常是没有的）	**围柱式**：神殿周围有一排柱子环绕的神庙建筑形式
壁角柱：侧壁突出的部分，用以构成小型门廊	**柱基平台**：地基的顶部，作用是让神殿高出地面

腊语为"pranaos")、一个后廊（希腊语为"opisthodomos"）和一个内殿（希腊语为"cella"）组成。赫菲斯托斯和他的妹妹雅典娜共用这座神庙，他们的雕像被安置在殿内的小室中。旅行者在对雕像象征的权力表示敬意后，还可以花点时间欣赏一下关于忒修斯杀死弥诺陶洛斯这个故事的精美浅浮雕。

夏天的赫菲斯托斯神殿尤其值得一看。那些想要远离喧嚣、灰尘和炎热金属加工区的人可以到这个神殿来，去绿荫遮蔽下那些灌溉充分的花园里赏花，也可以到前柱式门廊的浓荫下小憩一下。

雅典娜和泛雅典娜节

那么雅典娜又是一位怎样的神呢？这位有着灰色眼眸的处女神，站在雅典卫城上俯视着她所守护的整座城池。她的出生要归功于她哥哥赫菲斯托斯。她母亲墨提斯（理智的化身）在怀她的时候被宙斯整个吞进了肚子里，赫菲斯托斯抓起一把斧头，劈开了宙斯的前额，于是雅典娜就披着她常穿的那套盔甲诞生了。关于雅典娜的身世，其实有好几个版本。其中一个版本讲道，她的父亲根本不是宙斯，而是长着翅膀的巨人帕拉斯。雅典娜后来因为帕拉斯企图破坏她的贞操（希腊众神从来都不懂什么是伦理道德）而追杀了他。雅典娜就是从帕拉斯那里得到了帕拉斯·雅典娜这个名字。她将这个所谓的父亲剥了皮，并把皮蒙在了她的传奇护盾上。

智慧与力量在雅典娜身上和谐并存着。她教雅典人给牛套牛轭，教他们使用数字，还教他们吹奏号角、驾驶战车、掌握航海技术。雅典钱币的发明也与她有关，这也就是雅典娜的猫头鹰（雅典城的象征）会出现在每一枚德拉克马银币上的原因。

帕特农神庙（又称"处女神庙"）可能是世界上最美的建筑。它不仅是雅典娜的家，还是一座比例完美的石雕。每个月的第三天是神圣的雅典娜诞生日，但要看女神和人类真正融为一体的话，最好是在泛雅典娜节期间来雅典，特别是大泛雅典娜节期间。不过，大泛雅典娜节跟奥林匹克运动会一样，每四年才会举办一次。泛雅典娜节跟奥运会一样，主要以竞赛为主，还有戏剧表演和体育项目。竞赛仅限阿提卡当地人和本地德莫参加，会为优胜者授予桂冠，还设有二等奖和三等奖。整个节日就是雅典人的一次大型家庭聚会。

泛雅典娜节于赫卡托姆拜昂月（Hekatombaion）二十八日开始。（相当于公历七月至八月中旬。但雅典的月份和日期比较灵活，比如雅典当局就可以让某个特别繁忙的月份多出几天。）节日第一天，人们会依照惯例先在雅典娜·波利亚斯（Athena Polias）神庙点燃圣火。这座神庙坐落在雅典卫城上，就在帕特农神庙北边（它让我们再次看到了赫菲斯托斯和他妹妹之间的联系）。

> **神的多种面貌**
>
> 根据信奉者的不同喜好，希腊的男神和女神都有多种面貌。打仗的士兵唤起的是女战神帕拉斯·雅典娜；女人信奉的可能是处女神雅典娜；病人求告的是赐予健康的雅典娜·许革亚（Athena Hygieia）；在泛雅典娜节上，人们膜拜的是守护雅典城的雅典娜·波利亚斯。

节日第二天从游行开始，人们在迪普利翁门组成一支庞大的游行队伍，一起去向女神献祭。老人们庄严地手持橄榄枝，女孩们带着祭祀用的杯碗，其他人提着装满祭品的圣篮。

游行队伍会向雅典娜敬献一件新长袍（peplos），长袍每年都会更换一次。编织长袍是雅典年轻女性的任务，她们要在女祭司（希腊语为"arrephoroi"，雅典娜的处女侍者）的指导下完成这项任务。她们会在九个月前的雅典娜·厄尔伽涅节（Athena Ergane）开始编织新长袍，接着在普林特里亚节（Plynteria）上进行长袍清洗仪式。最后，在现在这个泛雅典娜节上，长袍会成为游行队伍的中心，像橄榄木"船"的船帆一样挂起来，随着吟唱的游行人群移动。从迪普利翁门出发时，就会有一位"负篮者"引领游行队伍前行。这位"负篮者"是从贵族少女中选出来的，具有智慧和纯洁品质的处女。她身上的这些品质能让女神感到愉悦。这一点很关键，因为雅典人要将阿提卡第一批丰收的果实敬献给他们的保护神，正是要通过这位"负篮者"作为媒介。

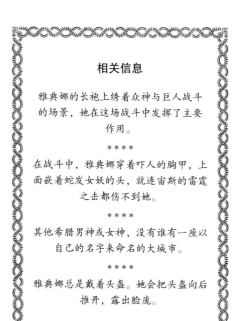

相关信息

雅典娜的长袍上绣着众神与巨人战斗的场景，她在这场战斗中发挥了主要作用。

****

在战斗中，雅典娜穿着吓人的胸甲，上面嵌着蛇发女妖的头，就连宙斯的雷霆之击都伤不到她。

****

其他希腊男神或女神，没有谁有一座以自己的名字来命名的大城市。

****

雅典娜总是戴着头盔。她会把头盔向后推开，露出脸庞。

庄严而欢乐的游行队伍穿过阿果拉，在阿勒奥珀格斯山（Areopagus，每个月的月底那里都会进行谋杀案审判）停下来进行献祭。人们在雅典娜胜利女神庙向女神表达感激之情，感谢她赋予将军们智慧，帮助雅典取得战争的胜利。此时卫城山门的入口还在建设中，游行队伍中的很多人走到这里就不再继续往前走了。有些人会直接回家，还有些人会去找朋友接着庆祝。只有真正的雅典公民才有资格继续跟着游行队伍去伊瑞克提翁神殿（位于卫城北边）的雅典娜大祭坛。人们在那里进行献祭，但他们献祭的对象不是菲狄亚斯创作的雅典娜巨像，而是传说中众神送给雅典人的女神木雕像。这座木雕像旁边有一棵橄榄树，这是雅典娜送给她的子民的众多礼物中最受喜爱的一件。

厄琉息斯秘仪（Eleusinian Mysteries）

如果有人问厄琉息斯秘仪的信徒，他在秘仪中到底经历了什么。信徒会说，如果他说出了秘密，那就必须杀掉听到秘密的人。这话乍听上去风趣，但当你发现他说的是真的，如果他不杀掉听到秘密的人，那他就会被人杀掉，这话可就变得不怎么风趣了。想要了解更多详情，可以去看看对米洛斯的狄亚哥拉斯（Diagoras）执行的死刑令。他获罪的理由是随意讨论秘仪，这条定罪理由在全雅典都是通用的。

厄琉息斯秘仪之所以备受重视，是因为它敬奉的女神是德墨忒尔。如果这位主宰大地万物的女神生气了，就没有降雨，庄稼就没有收成。这种情况曾经发生过，当时宙斯与冥王哈迪斯勾

德墨忒尔和她女儿珀尔塞福涅将荣誉授予犁的发明者特里普托勒摩斯（Triptolemus）

结，绑架了德墨忒尔的女儿珀尔塞福涅。德墨忒尔因此勃然大怒，于是便罢工了，结果激怒了众神，因为他们得不到美酒和动物祭品。无辜的人类自然遭受了双重打击。

德墨忒尔不仅在众神之乡奥林匹斯山罢工了，还就此离开了那里，并在阿提卡的厄琉息斯定居下来。为了纪念她，厄琉息斯还为她修建了一座神庙。最终，德墨忒尔和被激怒的众神达成了一项约定。珀尔塞福涅回到了母亲的身边，大地又恢复了生机。但是依照约定，珀尔塞福涅每年都要返回哈迪斯那里待上四个月。在这几个月的时间里,德墨忒尔都会闷闷不乐,于是就没有降雨,土地也会慢慢干涸。有人说,厄琉息斯就是珀尔塞福涅从地下世界返回德墨忒尔身边的地方,信徒可以看到德墨忒尔和她女儿一年一度的团聚。我可以告诉你这是不是真的,不过……

想知道这是不是真的,最好的方法就是成为秘仪的信徒。成为信徒的条件并不苛刻:首先,不能是野蛮人(也就是说,必须讲希腊语);其次,不能被杀人的罪孽玷污(杀人的罪孽已经得到弥补,而且行凶者已经做过净化仪式);最后,还要有一名来自厄琉息斯主要家族的人作为赞助人。除了这些条件外,无论男女,无论是雅典人还是外邦人,无论是奴隶还是自由民,任何人都可以成为信徒。另外还有一个要求,那就是要承诺对看到的事情保密。在秘仪流传的两千年里,成千上万的人目睹过它神圣的仪式,所有人都要遵守这个承诺。

> *雅典发展出了很多优秀而庄严的宗教制度。这些制度丰富了人们的阅历,但我认为没有哪个制度比得上秘仪。秘仪让我们了解到生命的起源,让我们不仅能快乐地生活,还能在死亡中感受到希望。*
> ——西塞罗(Cicero)·《论法律》(The Laws)·2.14

干燥炎热的夏天结束是一件值得庆祝的事,雅典人会为此举办各种聚会和仪式。不过,那些正准备成为秘仪信徒的人要等待一场正式的庆祝活动。这场活动会在波德罗米昂月(公历9月下旬)举行,并将持续9天的时间。

在庆祝活动开始的前一天,一大群参与者会聚集在厄琉息斯

> **相关信息**
>
> 臭名昭著的无神论者狄亚哥拉斯曾经把一尊赫拉克勒斯木雕像砍成了木柴，还说半神赫拉克勒斯的第十三项功绩就是给他煮萝卜。
>
> ＊＊＊＊
>
> 阿里斯托芬、普鲁塔克、苏格拉底和包萨尼亚都是秘仪的信徒，或正准备成为秘仪的信徒。
>
> ＊＊＊＊
>
> 从雅典到厄琉息斯的旅途长达20多公里。按照雅典人的标准来看，这就是一次愉快的散步。
>
> ＊＊＊＊
>
> 厄琉息斯不仅是宗教圣地，还是保卫阿提卡西部的军事堡垒。
>
> ＊＊＊＊
>
> 珀尔塞福涅也叫科瑞（Kore），她是青春女神和欢乐女神。但作为哈迪斯的妻子，她就是冥后。
>
> ＊＊＊＊
>
> 对德墨忒尔和珀尔塞福涅的描绘，通常伴有玉米、权杖和罂粟花的形象。
>
> ＊＊＊＊
>
> 德墨忒尔拥有一头漂亮的金发，很适合丰收女神的形象（译者注：金黄的发绺象征着成熟的玉米穗）。
>
> ＊＊＊＊
>
> 通往厄琉息斯的道路被称为圣路，圣路两边坐落着神殿，安置着坟墓，摆放着祭品。

的德莫中心。深受雅典人喜爱的庆祝游行就将从这里开始。游行队伍声势浩大地蜿蜒前行，会先回到雅典，最后到阿果拉的德墨忒尔神庙。

第二天（古雅典历法的三月十五日），庆祝活动将在神庙开始。首先是发布公告，号召新成员加入。每个潜在的信徒（即受戒者,希腊语为"mystes")都将接受赞助人(即经历过秘仪的秘法老师,希腊语为"mystagogos")的培训和指导。在响应号召的人中,有些将会成为新的受戒者,再次回到这里接受进一步的培训,了解厄琉息斯最深处的秘密。这些人后来被称为"通灵者"(希腊语为"epoptes")。

接下来,信徒们会去法勒隆湾清洗和净化身体。每个信徒都要带一只小猪献祭给冥王。(猪是非常受众神欢迎的祭品,因为它们的繁殖能力非常强,而且能找到长在地下的块茎和根部。在献祭中将猪血与种子混合,就能保佑农作物丰收。)在雅典,不仅秘仪信徒们会这样献祭,在公共仪式和向德墨忒尔的献祭中,普通人也会这么做。

在庆祝仪式的第五天,游行队伍会带着伊阿柯斯的雕像回到厄琉息斯。伊阿柯斯是德墨忒尔最喜欢的半神半人的小男孩。人们欢呼着,呼喊着伊阿柯斯的名字,一路上还会敬畏地注视着象征秘仪内在奥秘的圆形盒子(希腊语为"hiera")。

到达厄琉息斯后,游行队伍会开始冥想和斋戒,并在结束时饮用一种用谷物粉冲调的饮品。在《荷马史诗》中,德墨忒尔在等女儿回来时喝的就是这种饮品。对于从未到过厄琉息斯的人来说,这也是一次欣赏泰勒斯台里昂神庙(Telesterion)的好机会。这座神庙是秘仪的圣殿,里面供奉着备受雅典人尊崇的德墨忒尔圣像。这座宏伟的建筑没有窗户,里面有密密麻麻的柱子,外面装饰着华丽的浮雕饰带和小雕像。

信徒们准备好了,便会进入德墨忒尔女神的内殿,并消失在神秘的面纱后面,经历令人敬畏的仪式。据说德墨忒尔的大祭司和女祭司会打开那个圆形盒子，德墨忒尔和珀尔塞福涅会亲自将里面的圣物递给信徒。但接下来发生的事就无从得知了，就像游行中展示的那个神圣的圆形盒子一样神秘。我们能大致确定的是，接下来发生的事会涉及从黑暗中归来，死亡与重生，以及与亲人重聚。但是那些了解真实情况的人都不会告诉你到底发生了什么。

> 但是，当季节更替，大地变得生机盎然，开满各种芬芳的花朵，你（珀尔塞福涅）就要再次从黑暗的迷雾中走出来，到众神和凡人的奇妙世界中去。
> ——《荷马史诗》·400FF

在这之后，人们会在附近的田野上举办盛宴，献祭公牛，欢快舞蹈。但秘仪的信徒们显然不太喜欢这种欢乐的气氛。他们会举行奠酒祭神仪式，但在庆祝活动的最后就没什么正式的仪式了。在秘仪完成后，高潮也就随之落幕。信徒们或独自一人，或成群结队地返回家园，回想自己所经历的一切。

巫术和迷信

雅典有大量的神殿、神庙和圣殿，在每座房子外面和每条街道的转角处都能看到宗教的符号。但令人惊讶的是，牧师却依然还是幕后的角色。这是因为雅典人喜欢直接与他们的神打交道，而不会选择找牧师寻求家庭建议或教牧关怀。他们认为，牧师就是宗教领域的技师，可以指导人们用正确的方式献祭，可以告诉你这个月适合献祭的时间。那些想从众位大神、小神和精灵那里得到特殊恩惠的人，需要找女巫求教。

从严格意义上来说，巫术并不违法，它的名声却不怎么好。最先施行巫术的大多是野蛮人，比如西徐亚巫师。后来，施行巫术的不只是野蛮人，还有女人。女巫的原型是美狄亚，她是个拥有可怕力量的女人。她曾经用魔药和符咒保护过伊阿宋和阿尔戈英雄们（Argonauts）。当时，为了减缓科尔喀斯国（Colchis）战船的追捕速度，美狄亚把自己的弟弟砍成了碎片，并将碎片从伊阿宋战船的一侧分批扔了下去。为了让逝者体面地安息，虔诚的科尔喀斯人不得不停下来收集尸体碎片。还有一次，美狄亚逃到雅典避难，她用巫术让火龙为她拉着太阳神的战车。除了美狄亚这种女巫，还有她姑妈喀耳刻那种女巫，常常把失事船只上的水手变成猪。由此可见，对待女巫可要小心谨慎！

即便是伟大的神，本质上也并不仁慈（但如果能被小心供奉，或许能暂且施恩于人），很多小精灵更是非常恶毒。想避免被它们盯上的话，可以戴个护身符。这也就是为什么在这个全世界最理性的城市里，很多公民都戴着从埃及或希伯来求来的护身符。这些护身符有的写着异域文字，有的装着有魔力的物件，比如（传说的）沉船事故中遇难男子的骨头，或是被处以死刑的杀人犯的血。

迷信思想的力量依然强大。有一次，伯里克利就不得不去说服一个迷信的舵手，因为这个舵手认为在日食期间航行是不吉利的。伯里克利把自己的披风放在这个人面前，耐心地解释说："日食就是这样的，不过更大，更远罢了。"

迷信思想不只无知的农民有，你可能还会碰到一群雅典人咧嘴笑看政治家、军事指挥官尼西亚斯慌忙地安抚众神。尼西亚斯看到癫痫病人，会向他的孩子吐口水。（尼西亚斯对月食的迷信导致雅典延误战机，在后来的西西里战役中惨败。）

这些迷信思想让提奥弗拉斯特（Theophrastos）感到非常气愤。他写道："如果有一个装粮食的袋子被老鼠咬破了，（迷信的人）会向占卜官求问，出现这种预兆该怎么办。如果占卜官告诉他，把袋子拿去让修鞋匠缝一下，他会直接无视这个答案。为了寻求解脱，他还会到所有的神庙都去献祭一番。他会不断净化自己的房子，声称可怕的赫卡忒住进了房子里。如果在外面听到猫头鹰的叫声，他会非常激动，还会停下来高喊：'哦，伟大的雅典娜！'他永远不会踩踏坟墓，也不会靠近死尸或正在分娩的女人。他会说，到处都有被玷污的危险。"

只要有这样的人存在，就会有魔法药水、草药和护身符的交易。很多人不在阿果拉做这种生意，但悄悄地询问一下就能在比雷埃夫斯黑暗的小巷子里找到他们，那里的生意很是红火。

> 我要为地狱的那些（精灵们）献上铁匠阿利斯塔伊科莫斯（Aristaichmos）和皮拉希阿斯（Pyrrhias），以及他的工作和灵魂；还有拉米亚（Lamia）的索希阿斯（Socias），以及他的工作和灵魂，外加他们所有的言行；还有维奥蒂亚（Boeotia）的海格西斯（Hagesis）。

这个诅咒写在一块铅板上，铅板被塞进了阿果拉附近大理石

七 众神之城

> **相关信息**
>
> - 赫尔墨斯、赫卡忒、哈迪斯和珀尔塞福涅都是与死亡和冥界有关的神。如果想找能实现诅咒的神明,那首选就是他们。
>
> ****
>
> 有时诅咒会被放进坟墓里,以便通过死者的灵魂加快实现诅咒。
>
> ****
>
> 迷信的雅典人不喜欢直接用"哈迪斯"来称呼冥王,他们更喜欢用"黑暗之王"或"万民之主"这样的名字。
>
> ****
>
> 诉讼中的对方当事人最容易成为被诅咒的对象。
>
> ****
>
> 铅是雅典银矿的副产品。铅板便宜且易得,不仅被用作写诅咒的板子,还在很多其他业务中被当作便笺纸使用。

匠街的房屋墙壁里。我们可以明显地看到,海格西斯恰巧是在诅咒即将写完的时候,"及时地"冒犯了诅咒者,并被补写了上去。如果能问到去哪里购买类似的诅咒,就能用合适的价格买到一个。但还要记住一点,那就是巫术通常并不违法,但诅咒别人可是违法的。

八 人生大事之仪式

服兵役 & 葬礼 & 婚礼

服兵役

如果你问一个雅典人,现在的雅典城是不是处于和平状态,他会反问你:"和谁?"这时候的希腊与某个敌人休战,只是为了腾出时间去跟另一个敌人打仗。如果当地没有敌人,那就有了完美的借口,可以去更远的地方挑事。简单来说,战争就是雅典人的一种生活方式。如果宾客住在雅典男人家里,那基本上都会被邀请去欣赏和赞叹一番主人的全身铠甲。这套闪闪发光的铠甲会被放在房子里显眼的地方,包括一个胸甲、一个能遮住大部分脸部的头盔,

整装待战。一名全副武装的重装步兵

还有一个能保护小腿胫骨的胫甲。铠甲旁边还会放一个巨大的圆形盾牌，也就是"大圆盾"（希腊语为"hoplon"）。雅典公民勇士（重装步兵，希腊语为"hoplite"）的名字就来源于此。雅典男人作为步兵，组成了3万多人的精锐部队。他们换上便装，就成了雅典公民大会的成员。所以，除非雅典军队被消灭了，否则雅典民主就不会被推翻。

所有年龄在17岁到59岁、身体健全的雅典男性都要服兵役。不过，并不是所有人都买得起全身铠甲，所以买得起的人都会骄傲地炫耀自己的铠甲，因为拥有这身铠甲标志着他属于雅典最上层的两类公民，即骑士级（贵族，希腊语为"hippies"）和双牛级（玉米产量超过一定数量的人，希腊语为"zeugetai"）。买不起这套铠甲的人属于雇工级（希腊语为"thetes"）。一些雇工级的士兵只有长矛和盾牌，被称为"轻盾兵"，属于轻装步兵。但雅典的民主让每个人都能有用武之地。那些连长矛和盾牌都买不起的人，只要拿上一个在划船凳上用的垫子也能参战。雅典军事强国的声誉要归功于它的海军舰队，舰队中三桨座战船的桨手并不是奴隶，而是自由民。这些桨手为自己的

与刻板的斯巴达人的盾牌不同，雅典的盾牌上有各种各样的图案

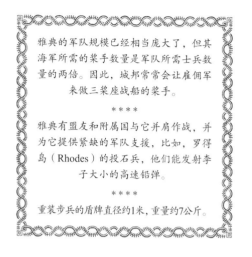

雅典的军队规模已经相当庞大了，但其海军所需的桨手数量是军队所需士兵数量的两倍。因此，城邦常常会让雇佣军来做三桨座战船的桨手。

＊＊＊＊

雅典有盟友和附属国与它并肩作战，并为它提供紧缺的军队支援，比如，罗得岛（Rhodes）的投石兵，他们能发射李子大小的高速铅弹。

＊＊＊＊

重装步兵的盾牌直径约1米，重量约7公斤。

角色感到自豪，如果有人嘲笑他们或他们的贡献，那这个人很快就会知道，每天花12个小时划桨的人出拳有多重。

适龄的雅典男性都要上阵杀敌，退伍军人和19岁以下的男孩则被安排在雅典和阿提卡执行驻防任务。因此，在雅典人中，很少有肥胖或身体不健康的，因为即便是在这个相对人道的城市里，大多数残疾婴儿一出生就会遭到"遗弃"，而军事训练使剩下的人保持着良好的体形。在阿提卡地区的德莫，每年都有年轻人向德莫委员会申请登记成为"预备公民"（ephebes）。这种登记不仅是为了入伍参军，还标志着加入雅典公民的行列。所以，这是一件非常严肃的事，任何用虚假证件登记的人都可能被卖为奴隶。在体育馆里和驻防期间，这些年轻人会接受基本的军事训练，学习如何使用长矛和盾牌。（重装步兵也会携带配剑，不过只会在胜负分明、战线解散时才会用到。）

在特殊的仪式上，雅典人会被城邦授予一套铠甲。这可能是因为他在战斗中展现出了非凡的勇气，也可能是因为他的父亲在为雅典作战时牺牲了，城邦正在为逝者替换丢失或损坏的装备。

葬 礼

战斗结束后,胜利的一方会竖起一个战利品,也就是将一名敌军士兵的手臂挂在树桩上,以此表明这片战场现在由竖起这个战利品的一方控制。在希腊这个文明的地方,战胜国会允许敌军的传令官前来为阵亡的士兵收尸,以便将尸体运回家乡安葬。

每年冬天,雅典人都会聚在一起,为烈士举行悲伤而隆重的国葬。在葬礼的前两天,烈士遗骨会先存放在墓篷里,家属和其他想来祭奠的人可以把祭品放在遗骨旁边。接着,遗骨会被放进巨大的柏木棺材(每个部落一个)。葬礼上还有一种特殊的棺材,里面没有遗骨,但装饰华丽,用来祭奠那些无法找到遗体的烈士。所有想参加这个国葬的人,都可以加入身着黑色哀悼服的送葬队伍,前往位于凯拉米克斯附近的公众墓地(希

> 我们俩会被埋在凯拉米克斯。我们会完成这项任务,然后让公众负担埋葬的费用。请告诉将军们,我们在军队中战斗,在战斗中牺牲。
>
> ——阿里斯托芬·《鸟》·510

女人的墓碑,上面是逝者和她的女仆

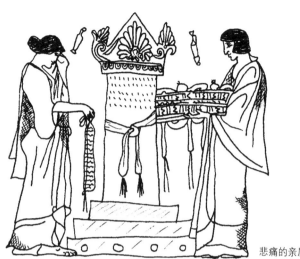

悲痛的亲属向死者告别

腊语为"demosion sema")。凯拉米克斯被修昔底德称为"雅典城外最美的地方"。烈士遗骨在这里下葬之前,会有一位雅典城中最负盛名的公民受邀代表死者家属发表讲话,赞颂逝者的功绩。

这是一个肃穆而感人的场合。许多花瓶上都有女人在丈夫或儿子出征前为他们穿戴盔甲的画面,这是有原因的。所有人都知道,这将是她们在葬礼上进行最后告别的第一步。

为烈士举行的国

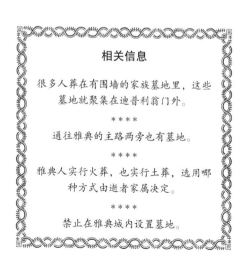

相关信息

很多人葬在有围墙的家族墓地里,这些墓地就聚集在迪普利翁门外。

＊＊＊＊

通往雅典的主路两旁也有墓地。

＊＊＊＊

雅典人实行火葬,也实行土葬,选用哪种方式由逝者家属决定。

＊＊＊＊

禁止在雅典城内设置墓地。

葬和其他葬礼有很多共同点。在雅典和阿提卡，每天都有葬礼举行。葬礼是雅典人生活中的一种仪式，共有三个部分：第一部分是私密的。逝者的女性家属会把尸体摆好进行净化仪式。她们会为逝者的身体清洗、涂油，还会为逝者合上双眼，以便让灵魂从身体中释放出来。

逝者的头上戴着花冠，身着及踝的长袍，接受前来祭奠的人向他做最后的告别。

> *有两天，妻子能让她的丈夫开心，那就是娶她的那天和埋葬她的那天。*
>
> ——源于以弗所的希波纳克斯（Hipponax of Ephesus）的谚语

葬礼的第二部分是出殡（希腊语为"ekphora"），会在第三天的黎明前举行。逝者会被送至最后的安息之地，一般是由一辆马车运送。葬礼会对所有人开放，其间还伴有丧事歌舞表演。出殡结束后，女人们会迅速离开，去准备葬礼的最后一部分，也就是祭奠死者的宴会（希腊语为"perideipnon"）。

婚 礼

> *对于一个深爱着他的新娘的人来说，你在她家外面待得太久了。*
> *去结婚吧。众神会让你的婚姻变成一件后悔当初没有拒绝的事。*
>
> ——欧里庇得斯笔下的美狄亚的话·《美狄亚》·743

葬礼是在黎明前举行，婚礼是在晚上举行。婚礼是对生命的欢乐庆祝，似乎有意要让葬礼成为它的镜像。每个到雅典旅行的人可能都有机会看到一场婚礼，因为婚礼和雅典绝大部分公共活动一样，其中都会安排一两次游行庆祝活动。婚礼中的第一次游行是喧闹而欢快的，参加游行的人通常都喝得醉醺醺的。因为婚宴上会分享一个传统的平底大蛋糕，蛋糕是用捣碎的烤芝麻籽与蜂蜜蛋糕混合在一起做成的，大家吃的时候会就着大量的葡萄酒。在下午的欢聚结束后，新娘会从她父亲的家被护送到她丈夫的家。她站在一辆装饰华丽的马车上，身旁站着她的母亲，举着火把照亮道路。马车后面跟着这对新人的家人们。乐师会尽量制造出大的噪声，吓跑那些不友好的精灵（美妙的旋律也能实现这个目的）。

到了新郎家，新娘会吃一个木梨或一个苹果，以此表明她丈夫的家现在也是她的家了。大家会往这对幸福的新人身上撒水果和坚果，这些东西象征着生育能力，也是婚后健康早餐的配料。在这个暗示后代繁育过程的"水果浴"之后，新郎和新娘会亲身尝试一下繁育后代，而他们的朋友们会在

画着结婚庆祝队伍图的花瓶

> 婚姻（ekdosis）就是将新娘从她父亲的手中交到她丈夫的手中。
>
> ＊＊＊＊
>
> 婚礼常常定在伽美里昂月（Gamelio，相当于公历一月，用来纪念赫拉与宙斯的神圣婚姻）的满月那天举行。这个月非常受情侣们的偏爱，所以它的意思就是"结婚月"。
>
> ＊＊＊＊
>
> 男性一般会在服完首个兵役，30岁左右结婚。
>
> ＊＊＊＊
>
> 女性会在20岁之前结婚，通常是15岁。
>
> ＊＊＊＊
>
> 在婚礼之前，女孩要把自己儿时的玩具献给众神（特别是处女神阿尔忒弥斯）。
>
> ＊＊＊＊
>
> 男人和女人都可以提出离婚诉讼，但女人要在法官面前陈述情况。

门外大声唱起淫秽的歌曲〔这种习俗被称为祝婚诗（希腊语为"Epithalamium"）唱颂〕。第二天早上，新娘就成了迦摩（希腊语为"gamos"），也就是已婚少妇。这也预示着将有另一支游行队伍出发前往这对新人的家。这支队伍里的人会拿着送给新人的新婚礼物，其中包括水果篮、梳子、镜子以及家具等实用物品。所有礼物都是经过精心挑选的，因为它们必须能反映出送礼者的身份，以及他们与新人的关系。

九 必看景点

在阿果拉：议事厅 & 圆庙 & 皇家柱廊 & 宙斯柱廊 & 骑兵指挥官室 & 绘画柱廊 & 南柱廊

在雅典卫城：山门 & 伊瑞克提翁神庙 & 帕特农神庙

美丽又著名的雅典城……

——普鲁塔克·《忒修斯传》

在阿果拉

到雅典旅行的话，一定要参观一下阿果拉。很多条路都能到阿果拉，或者至少会经过这里。阿果拉不仅是雅典的社交场所、布告栏，还是雅典城的购物中心。旅行者们值得花些时间，在整个阿果拉好好地逛一逛，可以在风景中漫步，顺便研究一下雅典人早已不觉稀罕的建筑和历史。

乍看起来，阿果拉很乱。那里总是一片熙熙攘攘的景象，有忙着做生意的，有讨论政治和哲学的，还有谈论最近丑闻的。这里有开放式的大柱廊为旅行者遮风避日，柱廊间看似随意地散落着一些神龛。在阿果拉，旅行者可以欣赏到高耸的卫城，还可以观看游行、体育竞赛和露天戏剧演

神圣的雅典……著名又华丽的阿果拉。

——品达·赞颂雅典人的《酒神颂》· Frag 75

九 必看景点

阿果拉的西北角,能看到皇家柱廊,还有绘画柱廊的一角

出。想要了解阿果拉,理解它在雅典人生活中的关键作用,就得知道它的每个区域都有什么,以及都有什么用途。

你可以在夏末找一个安静的夜晚,到雅典城中漫步。此时城中的人群都已散去,空气中弥漫着烧火做饭的香气。走到阿果拉西边小山上的赫菲斯托斯神庙,在门廊中坐下来,利卡贝托斯山从左边的城墙上与你对视。赫菲斯托斯神庙就在身后,影子指向卫城的方向,帕特农神庙在那里的夕阳下闪烁着耀眼的光芒。这次漫步会从阿果拉的行政区域出发,经过商业区,最后到雅典的

在阿果拉眺望卫城的景色

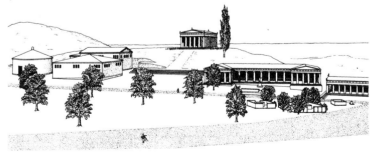

精神家园卫城。

沿着赫菲斯托斯神庙的斜坡,有四排深橘色的石头嵌在山坡上,就像一排排特大号台阶。这里可以坐200人左右。这个"小礼堂"旁边是一些雅典主要委员会的办公室,所以它是公职人员向有关委员会报告工作的实用场地。

在离这里几米远的地方有一座小庙,它被波斯人烧毁后就没再修复。这里曾经供奉着地母神瑞亚,她是众神的母亲,宙斯也是她的孩子。这座小庙被烧毁后,这位地母神被转移到附近的一座建筑中供奉。这座建筑就是议事厅,这里的瑞亚雕像是菲狄亚斯(见第77页)的又一天才力作。

议事厅之所以出名是因为有这座瑞亚雕像(它展示了女神坐在狮子宝座上,手持铙钹的形象),还因为它是雅典的档案馆。瑞亚是记录的守护者,她保管着雅典的所有法律、诉讼记录、财务账目、公民名单,还有保证商贩进行诚实交易的官方度量衡。

议事厅不仅是瑞亚的家和她所守护的一切事物的归处,还是五百人议事会的会场。五百人议事会由五百位公民组成,拥有决定公民大会议程的权力。议事会中的五十人团要全天待命,其中十七个人就住在议事厅附近,以确保雅典城中心总有一群人能随时应对突发事件。议事厅的右边有一座建筑,官方名叫"圆庙"。雅典人通常都叫它"遮阳帽"(希腊语为"skias"),因为它的外形是圆的。在这里有时能看到参加公民大会的官员坐下吃饭,他们通常会吃奶酪、大麦饼、橄榄、韭葱就着葡萄酒。在城市发展的繁荣时期,他们也会吃肉或是鱼。他们吃饭用的是简单的黑釉陶器,上面有清晰的"DE"标记(意思是公共财产)。这是为了避免用餐者不小心把一两个杯子带回家。

在这里从左向右延伸的那条路是通往比雷埃夫斯门的主路。沿着这条路往西南方向走,会先路过十将军会议室(雅典军事领导人开会的地方),最后会路过监狱。雅典人不太喜欢用长期监禁的方式处置犯人,他们更喜欢用罚款和流放的方式,或对罪大恶极的犯人处以死刑。所以,这座监狱并不大,有点类似于药房,会为关在隔壁的犯人按剂量配出致命的毒芹汁。这座监狱不在阿果拉的正式边界之内。阿果拉的边界是街角的一家小鞋铺,铺子旁边竖着一块大理石界碑。为了明确边界线,每块界碑上都写着,"我是阿果拉的边界"(见下页图片)。

现在掉头往回走,路过议事厅,去看看雅典国王的皇家柱廊吧。没错,民主的雅典还有国王(希腊语为"basileus")!国

相关信息

议事厅后来被称为"母神庙",也叫"老议事厅",它后面的山上就是新议事厅。

****

"五百人议事会"这个词来源于希腊语,意思是"三思而后行"。

****

雅典公民必须在子女出生后10日内到议事厅登记。

****

"阿果拉"(agora)这个词来源于希腊语动词"ageiro",意思是"聚集"或"集合"。

****

阿果拉的雨水沿着砖石结构的排水沟流向艾瑞丹诺斯河。这条排水沟一直正常使用了2500年。

****

如果说一座建筑是用彭特利库斯山大理石建造的,那就意味着它的大理石质量很高,是从阿提卡的彭特利库斯山(Pentelikon)开采的。

标志着阿果拉边界的一块界碑

王虽然名义上是雅典政府的"二把手",但他主要负责宗教事务,还承担着一部分立法职责。国王的头衔也不是世袭的(国王是每年由选举产生的),所以雅典没有王子或女王。任何想要查阅法律规定的人都会来皇家柱廊,因为雅典的法律就刻在石头上放在这里,或刻在独立的石板上,或刻在石墙上。皇家柱廊的前面有一块"皇家石头"(Royal Stone),市政官员上任前都要站在这块古朴的砖石上宣誓就职。

皇家柱廊旁边坐落着新建成的宙斯柱廊。宙斯柱廊的彭特利库斯山大理石闪烁着微光,衬得皇家柱廊有点破旧。宙斯柱廊到现在还没建成,工匠还在进行最后的修饰,画家还在绘制宏伟的壁画。壁画中描绘的有战争场面,还(必然)有无处不在的忒修斯事迹。宙斯·厄琉特赖俄斯(Zeus Eleuthereos)是

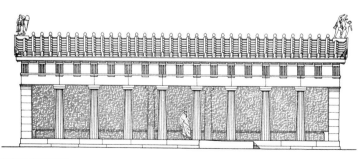

皇家柱廊正面图

自由之神。他将雅典人从波斯人的手中解放出来，还帮助雅典人在后来的希波战争中获得了胜利。宙斯柱廊虽然是个行政建筑（它是个柱廊，而不是神庙），但雅典人觉得，应该有些特别的东西以宙斯的名字来命名，所以就给柱廊取了这个名字。宙斯柱廊常被用来审理法律案件（不包括必须公开审理的凶杀案件）。有位喜剧作家说过，在阿果拉的这个角落，你可以买到任何想要的东西，包括无花果、玫瑰、刻漏和目击证人。目击证人的需求量很大，因为如果雅典人被激怒，很快就会闹上法庭，而激怒一个雅典人是件很容易的事。顶级辩护人拥有的观众数量比陪审团的还要多，因为雅典民众都是修辞鉴赏家，很多人都会到宙斯柱廊来旁听他们最喜欢的辩论表演。

> 他们在皇家柱廊制定了法律……九位执政官（高级别市政官员）曾在这块石头上宣过誓。
>
> ——亚里士多德·《政治学》·7.1–2

> 蝉在树上鸣叫也不过就一两个月的时间，而我们雅典人却一生都在为诉讼叽叽喳喳。
>
> ——阿里斯托芬·《鸟》·40

　　沿着这条路往前走，前面有个十字路口，周围有很多神庙。附近就是骑兵指挥官室，也就是雅典贵族骑兵的总部。如果在骑兵训练日的时候走在泛雅典娜大道上，那一定要留神迎面而来的骑兵，因为这条大道是他们的训练场。大多数雅典人对此并不介意，因为骑兵指挥官室能让他们欣赏到免费的滑稽剧，有新兵慌忙地上演上下马练习。虽然雅典骑兵的战马比后来的品种矮小，但在那个没有马镫的年代，上下马时也少不了跌落和磕碰。在更正式的骑兵表演中，骑兵指挥官室还会为观众设立叫"观众席"（希腊语为"ikria"，也就是临时的木头板凳）的特殊看台。这种表演很值得一看，如果其中有一项比赛，要求参赛者全副武装地在急行的战车上跳上跳下，那这个表演就更不容错过了！

千万别喝骑兵指挥官室附近井里的水！人们经常会把印在薄铅条上的过期记录扔到这口井里，所以井水的含铅量很高。如果想喝水的话，可以去美丽的喷泉屋（Enneakrounos），从狮头喷水口尽情地饮用甘泉。

骑兵指挥官室这片区域的马文化氛围很浓厚。这里不仅能看到兴奋的马匹留下的粪便还没彻底清理干净，还能看到附近建筑物装饰着描绘骑兵游行和作战场景的浅浮雕。其中一个浮雕展现了一支骑兵小队列阵的情形，指挥官在队伍的前面，副指挥官在队伍的后面。队伍一旦遭遇威胁，骑兵只须原地不动地将马匹掉转180度，就能改变指挥和作战方向。

> 我们被喷泉屋的人潮耽搁了。在拥挤和推搡中，那些刺着文身的大胆奴隶为了冲到队伍前面，把水罐撞得东倒西歪的。
> ——阿里斯托芬·《吕西斯忒拉忒》（Lysistrata）·330

阿果拉还有当代雅典最著名的建筑之一——绘画柱廊。绘画柱廊可能占据着阿果拉最好的位置。它俯视着宽阔的泛雅典娜大道，面朝着和煦的冬日暖阳，还有坚实的后墙为它阻挡寒冷的北风。这个柱廊的材料丰富多样，风格兼收并蓄。它由大理石和不同类型的石灰石建造而成，外面采用了庄重的多立克柱式，里面是更具装饰性的爱奥尼亚柱式。这座宏伟柱廊的官方名叫"庇希阿纳科提欧斯"（Peisianaktios），是以它的建造者的名字命名的。不过遗憾的是，庇希阿纳科斯（Peisianax）为了赢得在后世的良好声誉，请人在柱廊的装饰木板上绘制了宏伟画作，结果画作太过惊艳，现在每个人都把这个柱廊叫作"绘画柱廊"，而它也的确名副其实。

雅典的顶级艺术家都参与了这项绘制工作。绘画主题是雅典在战争中的胜利，所以画中大量运用了红色油漆。这些画作展现了雅典人与亚马孙人和特洛伊人的战斗场景，其中最重要的是一幅关于马拉松战役的壁画，它描绘的是波斯帝国战线开始瓦解的时刻。

在绘画柱廊还能看到更多关于雅典人英勇作战的有形遗迹，因为雅典人喜欢从缴获来的盾牌中挑些有代表性的悬挂起来。（他们尤其喜欢那种有独特倒V字形标志的斯巴达盾牌。）绘画柱廊总是人山人海的，其中有乞丐、杂耍演员、小偷、卖香肠的小贩，还有"苏格拉底们"。这里是哲学家们很喜欢来的地方，基特翁（Kiteon）的芝诺将来就是在这里讲授斯多葛主义，而斯多葛学派（Stoicism）就是以柱廊（stoa）的名字来命名的。

沿着横穿阿果拉的泛雅典娜大道再往前走一点，可以驻足欣赏一会儿十二神祭坛。它是测量各地与雅典之间距离的起点，也是那些逃命的人寻求庇护的地方。这座古老的祭坛提醒着人们，这片区域在成为雅典的市集和行政中心之前已经用了很久。那些连传说中都未曾提及的古人在这里打过井，还曾把阿果拉作为他

到十二神祭坛寻求庇护

们的墓地。迷信的雅典人不敢踩踏坟墓，却不知其实自己每天都走在祖先的尸骨上。

现在穿过阿果拉中间的一片空地。在集市日，这里会挤满临时摊位；在非集市日，这里会举办各类户外娱乐活动。这片空地是一条大致的分界线，它的西边和北边主要是行政建筑，南边和东边主要是商业建筑。但市集管理员的办公室却在南柱廊，而北边的其他柱廊也会从事商业活动。所以整个阿果拉的行政区域和商业区域之间并没有明确的界线，只不过是两个区域的混搭风格不同而已。

南柱廊也是雅典建筑热潮的产物，所以上面刚刚刷过的油漆都还没干透。它是一个双柱长廊式样的购物中心，造型非常优雅，以至于人们很难发现它的墙体上部用的是经济省钱的干泥砖，而且相较于位于阿果拉另一边的政府办公大楼在大理石使用上的铺张浪费，它在大理石的使用上可谓相当精简克制了。南柱廊后边有一排小房间，房门都稍微有点偏离房子的中心，这是为了更好地在房间一侧摆放一张用餐的沙发椅。有些商贩不想因为回家吃午饭而错过一桩好生意，所以就会在这里吃饭，还可能打算就在午餐期间做成一笔买卖。

南柱廊边上有一座小型建筑，官方的度量衡可能就是在那里铸造的。它是国家铸造厂，生产油灯和少量铜币（雅典银币充足）等产品。后来，这个柱廊成了政府的造币厂。

如果还想看更多关于忒修斯的事迹（大多数雅典人似乎都看不够），可以走出阿果拉，再往东走几米，去看看提塞翁神庙（the Theseion）。这座神庙是雅典英雄忒修斯的坟墓和避难所。传说忒修斯死在了斯基罗斯岛上，直到最近雅典人才去寻他的遗骸，最后在岛上找到了一具以古风形式埋葬的巨大骨骼，并将其运回了雅典。现在，忒修斯的墓上装饰着他参加过的主要战役的图景，这些图景都是由当时最好的画师描绘的。忒修斯曾经保护过穷人和被赶出家园的人，所以那些与主人发生冲突的奴隶，以及受强权压迫的人们通常会来这里寻求庇护。

雅典对建筑师的要求非常严格。这是件好事，毕竟现在雅典有这么多建筑师。雅典设立了五人委员会，在公民大会的监督下负责监管建筑施工过程。建筑师们工作更多的是为了荣誉，而非为了金钱。在获得建筑工程款后，建筑师的佣金会被扣留，而且需要说明每一分钱的去向（后续要公布费用清单）。如果实际费用超出预算的 25% 以上，那超出的费用就会从建筑师的佣金中扣除。

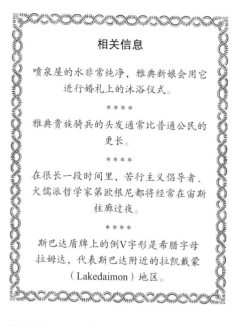

相关信息

喷泉屋的水非常纯净，雅典新娘会用它进行婚礼上的沐浴仪式。

****

雅典贵族骑兵的头发通常比普通公民的更长。

****

在很长一段时间里，苦行主义倡导者、犬儒派哲学家第欧根尼都将经常在宙斯柱廊过夜。

****

斯巴达盾牌上的倒V字形是希腊字母拉姆达，代表斯巴达附近的拉凯戴蒙（Lakedaimon）地区。

随着后来雅典政商两界的领袖们在阿果拉的这片空地上竖起自己的丰碑，阿果拉在未来几年将变得更加拥挤。不过，公元前431年的阿果拉可以夸耀说，它所拥有的饰物绝无仅有。这里能看到伯里克利、苏格拉底、修昔底德和索福克勒斯在街上散步和光顾小酒馆的身影。如果说雅典是一座引领世界走向未来的城市，那么阿果拉就是这座城市跳动的心脏。

了解度量衡

1. 1/6斯塔特尔（128克），用乌龟图样表示。
2. 1/4斯塔特尔（193克多一点），用盾牌图样表示。
3. 1斯塔特尔（约794克），用膝盖骨图样表示。

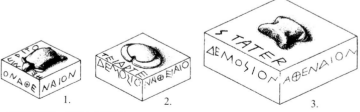

一套官方砝码，重量如图样所示

砝码上应该有这些图样。如果没有的话，就去找官方
的砝码，上面肯定有这些图样。

在雅典卫城

旅行者普遍存在一个误解，以为雅典卫城就是帕特农神庙，其实不然。帕特农神庙是卫城上的一座神庙，而卫城是对那座小山及山上的宗教建筑群、堡垒和国库的总称。很多希腊城市都有卫城，但帕特农神庙只有一个。

要开始卫城之旅，先要绕到小山的西坡去。最好的游览时间是在冬去春来的时候，这时的空气清爽，小山的山脊和山头会开满野花。先去找一找通向卫城山门（Propylaea）的宽阔台阶。山门的字面意思是"前大门"（"pro"的意思是"前"，"pylae"的意思是"大门"）。它的主要目的似乎是在旅行者看到山上的其他奇观之前就给他们留下深刻的印象，但它也的确是卫城的门户。帕萨尼亚斯解释说：

这里是进入雅典卫城的唯一入口，没有别的选择，因
为山坡太陡，而且卫城外还有一道坚固的城墙。

——帕萨尼亚斯·《希腊志》·*122.4*

卫城山门本身就是一座坚固的建筑。在它真正的入口处，左边的一个房间里有个小画廊。画廊的天花板是用白色彭特利库斯山大理石做的，在需要增强效果的地方还加了灰色的厄琉息斯大理石。整个卫城不仅是一个功能性的堡垒，还是一件艺术品。山

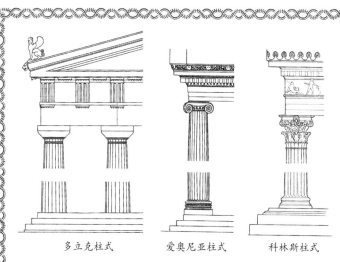

多立克柱式　　爱奥尼亚柱式　　科林斯柱式

说出柱式的名称

这些石柱都是因其"柱头"而得名的。柱头是用来架设屋顶横梁的部分。

多立克柱式

非常简洁朴实,极具斯巴达风格。柱头只是稍微增大了外倾角,对距离顶部几厘米的地方进行了加宽处理。

爱奥尼亚柱式

更具装饰性,柱头像个向下的涡卷。

科林斯柱式

非常精致,柱头采用了一种融合仙人掌和三裂叶系植物特征的叶子作为装饰。现在的雅典还看不到这种柱式,但它以后会非常流行。

伊欧里斯柱式

更为少见(但在小亚细亚西北部很流行),柱头装饰是以艺术形式展现的正被剥落的叶子。喜欢吹牛的人应该会喜欢这种柱式,因为这可以满足他们的虚荣心。

门采用多立克柱式,与帕特农神庙遥相呼应,石柱的比例也与神庙的相同。就连石柱耸立的台阶都经过了精心的设计,与山门的其他部分比例相称,有美感的地方用白色大理石装点,其余部分则用灰色大理石,与背景融为一体。山门的主要设计者是菲狄亚斯的同僚,建筑天才穆内西克莱斯(Mnesikles)。

出逃的奴隶,罪大恶极的人,还有不纯洁的、一般的乌合之众就别再继续往前走了。山门这里设了关卡,主要有两个必要的原因:其一,雅典国库在里面;其二,做过亏心事的人进去之后就能直接到神殿寻求庇护,逃避正义的惩罚。(到神殿寻求庇护,就能得到神的保护。)

先迅速在脑海中过一遍,确定自己没有未赎清的杀人罪孽,没在逃避奴役,也没做过丧良心的事,那就可以放心地进入山门了。进去之后向右转,到雅典娜胜利女神的小神庙去看看。这座精致的小建筑是为了感谢雅典娜帮助雅典战胜波斯人而建造的。

来时记得带些蜂蜜蛋糕或鲜花放在祭坛上,这样女神就不会怪你来这里的主要目的不是祭奠她,而是想饱览绝美的雅典全景,远眺比雷埃夫斯港,欣赏港口入口处挤满三桨座战船和商船的壮观景象。天气

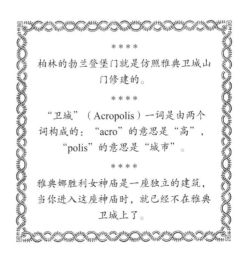

****
柏林的勃兰登堡门就是仿照雅典卫城山门修建的。

****
"卫城"(Acropolis)一词是由两个词构成的:"acro"的意思是"高","polis"的意思是"城市"。

****
雅典娜胜利女神庙是一座独立的建筑,当你进入这座神庙时,就已经不在雅典卫城上了。

晴朗的时候，阿提卡的空气常常有种迷人的、神奇的清澈感，这时能看到萨罗尼克湾（Saronic）的小岛在碧蓝的大海中被太阳晒成棕褐色，还有伯罗奔尼撒半岛的浅灰色山脉在遥远的地平线上起起伏伏。

这座神庙本身就是一块瑰宝，四周环绕着爱奥尼亚柱和浮雕饰带。浮雕描绘的是雅典人在战争中获得胜利这类常见主题，但在周围的宁静景象映衬下，其中的屠杀场面显得有些不自然。如果看腻了这里的风景（但这可能需要一些时间），就继续往北走，去看看雅典娜·波利亚斯神庙。这座神庙有时也被称为"伊瑞克提翁神庙"，可能是以一位传奇国王的名字命名的。有一段碑文记述道，曾经有110位不同年龄、拥有不同技能、身处不同社会阶层的人，每人每天拿着1德拉克马的佣金，在这里共同建造伊瑞克提翁神庙。我们在前面提到过这座神庙与泛雅典娜节的关系（见第111页）。雅典娜和波塞冬曾经在这座神庙中争做雅典的保护神。当时波塞冬猛击岩石（人们可以在上面看到波塞冬的三叉戟留下的印记），为雅典带来了喷涌的泉水。雅典娜送给雅典一棵橄榄树。这是世界上第一棵橄榄树，它就长在雅典城外不远处的小花园里。据说波斯人摧毁卫城时烧毁了这棵树，但它在当天就又长出了新芽。

又想待在这里消磨一段时光了。整座神庙都是优雅的爱奥尼亚风格，与附近庄严的多立克风格建筑帕特农神庙形成了鲜明的对比。它的线条自然流畅，起初让人很难发现，要在保留山上原有诸神圣地的前提下建成这座神庙，得要完成一套高难度的建筑体操才行。这也就是为什么这座小庙供奉着雅典娜，还有宙斯、波塞冬、赫尔墨斯和赫菲斯托斯等众神,同时还挤得下各种半人半神和英雄人物。如果你觉得神庙里的气氛太过神圣,那就到外面去看看它的门廊吧。柏拉图说,万物都有一种完美的形式,其他形式都是拙劣的复制品。这个门廊就是完美的形式。与卫城中几乎所有的建筑一样,在它动工之前就有设计师和数学家做过了设计和测算。所有这些设想和努力的成果都像是水到渠成一般,一切看上去都非常合理,人们再也想象不出比它更完美的样子了。这里还有六位美丽的少女与你共赏美景,她们都是用大理石雕成的神庙支柱(女像柱)。她们虽然头上顶着神庙的屋顶,但轻松的姿态说明这件事对她们而言毫不费力,而且她们也愿意在以后的几千年里继续做这件事。站在这里能看到北边的帕尔奈斯山、附近的利卡贝托斯山,还有远处的许墨托斯山(Hymettos)在地平线上起起伏伏,还能看到阿提卡大片绿色的、金黄色的田野一直延伸到雅典城墙下。在你的左下方能看到小小的人影像蚂蚁一样在阿果拉跑来跑去,城市的喧嚣声微弱而遥远。你可能想永远都待在这里不离开。

不过,最好的还在最后。现在该去看看雅典卫城的王冠帕特农神庙了。帕特农神庙是供奉处女神雅典娜的神庙,也是公认的世界上最美丽的建筑。帕特农神庙具有先天的优势,它周围有令人惊叹的美景,还有交相呼应的建筑奇观。所以即便帕特农神庙只是个粪堆,都值得爬上卫城去看一看,更何况它还是一座比周围奇观更为壮丽的庙宇呢!

这并不是旅行者第一次看到帕特农神庙。在所有雅典人眼中,帕特农神庙就像一颗宝石,静谧地矗立在雅典卫城的山坡上。当阳光从"普罗迈乔司的雅典娜"巨像的盾牌和长矛上掠过时,神庙上会偶尔有微光闪过。当你走近帕特农神庙时,这座建筑会突然看起来非常庞大。十七根巨大的大理石柱沿着两侧的墙体延伸,人们的视线不由得被引向天空的方向,被屋顶下阴影中的浮雕饰带所吸引。帕特农神庙的宏伟壮观让人印象深刻,但想知道这是如何通过精心而系统的设计实现的,得具备些建筑学知识才行。

神庙的石柱本就高耸入云,加上越往顶部越细,从同一角度看起来,就会让人误以为它们的高度比实际的更高。边角柱比其他柱子粗5厘米左右,而且与旁边柱子的间距更小,从更远处看就会形成透视感。此外,整座神庙不是完全垂直的,而是向内微微倾斜的,看起来好似一处峭壁像人一样向后倾身聆听。神庙的正面一般是用六根柱子,而帕特农神庙的正面有八根柱子,这让

进入卫城山门后,第一眼看到的"普罗迈乔司的雅典娜"巨像和帕特农神庙

九 必看景点

公认的世界上最美丽的建筑——帕特农神庙

它看起来比实际要大，人们会下意识地认为，笨重的加固材料比实际需要的更少，也更精致，于是大大增强了神庙的优雅感。

除了宏伟壮观之外，帕特农神庙还给人留下了另一个印象，那就是它并非后世所见的那种朴素的白色大理石建筑，它其实是五彩缤纷的，近距离观察会让人觉得更加震撼。神庙外边的柱子漆成了浅灰色，里面的柱子是淡褐色。所有雕像都被塑造得活灵活现，雕像的长袍上还画着刺绣图案和镶边。甚至连神庙的墙壁都是深蓝色或砖红色的，与神庙大门的抛光青铜色相得益彰。（在神庙里的时候，记得抬头欣赏一下方格天花板的精致装饰，上面的每条直线和曲线都被微妙的色彩衬得清晰可见。）

帕特农神庙的外观线条优美流畅，砖石结构色彩丰富、雄伟厚重，但又有种莫名的缥缈感。装饰神庙的彩色浮雕饰带吸引着人们的视线。最东边的浮雕饰带刻画了雅典娜诞生的场景。宙斯坐在宝座上，注视着从他前额诞生的孩子，赫菲斯托斯拿着斧头站在雅典娜身边，其他奥林匹斯众神好奇地看着这位万神殿的新成员。最西边的浮雕饰带再次以图像形式展现了雅典娜与波塞冬的竞赛场景，雅典娜最终用橄榄树赢了波塞冬的三叉戟，成了雅典的保护神。

很多旅行者都发现，自己原本打算进入神庙，但在研究这些浮雕时却被吸引着像螃蟹一样围着神庙转。这些浮雕活灵活现，极富想象力，其数量和质量在已知世界中几乎都是绝无仅有的。浮雕描绘了半人马和亚马孙人的战斗，希腊勇士与波斯弓箭手的战斗，还有众神与巨人之间的战争。在研究这些浮雕的过程中，人们能够读出雅典人想要传递的信息，那就是理性终将战胜非理性，文明终将战胜野蛮，自由终将战胜极权。但具有讽刺意味的是，这些信息后来被蒙上

相关信息

阿提卡的屋顶用的是黏土烧制的瓦片，而帕特农神庙的屋顶铺设的是用大理石雕刻的瓦片。

****

几乎所有雅典人都为建造帕特农神庙贡献过时间或金钱。

****

帕特农神庙用了大约13500块大理石，而且形状几乎都不同。

****

帕特农神庙沿着其东西轴线有一条微凸曲线。

****

帕特农神庙的山墙上有大约50个刻画神话场景的浮雕。

****

加上运输和劳动力成本，一根完整的大理石柱造价约为5000德拉克马，相当于一名工匠17年的工资。

古希腊风格的骑士。这些浮雕描绘了一种理想化的现实。在这种现实中,赤身裸体的无鞍骑乘既安全又常见

了一层阴霾。很多浮雕遭到宗教狂热分子的毁灭性破坏,帕特农神庙在做弹药库时,差点在一次爆炸中毁掉。即便已经过了几千年,我们依然无法确定,文明是否已经战胜了野蛮。

不过,帕特农神庙内墙的中楣浮雕饰带展现了雅典人的生机活力和乐观主义精神,上面描绘着雅典人组成游行队伍,手持礼物和祭品前往神庙供奉雅典娜女神的场景。人们的脸上洋溢着喜

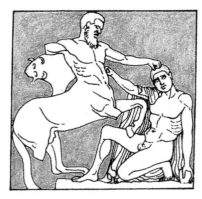

排档间饰(本图和右图)描绘了半人马与拉庇泰人(Lapiths)的战斗

半人马是聪明善良的生物,但喝醉了就会变得凶残

悦和自豪，神态是自信的、高贵的，而不是卑微的、忏悔的。这条浮雕饰带表达了这座城市和它的人民对自己的看法，雅典人和他们的女神见面，相互恭喜对方出色地完成工作。

帕特农神庙里矗立着处女神雅典娜的雕像。这座雕像是菲狄亚斯用黄金和象牙打造的华丽杰作。雅典娜手中的长矛好似要直冲云霄一般，就连她右手托着的胜利女神像都比真人还要大。金色的雅典娜巨像身着战袍，头戴战盔，表情安详而威严，承载着雅典展现出来的和珍视的价值观。

帕特农神庙虽然负有盛名，但它并不是雅典卫城的宗教中心，伊瑞克提翁神殿才是。在帕特农神庙里，雅典娜所守护的不只是雅典人的价值观，还有雅典的贵重物品。我们在前面提到过，雅典城邦的大部分黄金都藏在雅典娜的战袍中。这座神庙里还藏着大量镶嵌着珍宝的金碗、花环和银制贡品。这些东西在必要时可以卖掉或熔掉，以便维持雅典帝国的军队和三桨座战船。不过，现在的雅典基本上处于和平状态，税收正以空前的规模流入这座城市。这笔巨额财富大部分都用来将雅典打造成希腊领先的城邦，另外有一小部分正在转化为宝藏储存起来，以备不时之需。智慧女神雅典娜当然会支持这种做法。

作者附言

在伯罗奔尼撒战争开始后的许多年里，雅典一直都是知识的中心。但本书将时间选在了这次战争开始前的那段时间，因为它既标志着雅典的巅峰时期，也标志着雅典丧失了某种纯真的时刻。

本书的出版得到了很多人的帮助。我要特别感谢约翰·坎普（John Camp）无私地为此奉献自己的时间和专业知识。他的作品《雅典市集》（1992年版）和《雅典考古》（2004年版）是面向普通人和学生的最佳现代调查报告。我还要感谢大卫·巴特菲尔德（David Butterfield）帮我完成古希腊语翻译，还有我当时的学生杰基·惠伦（Jackie Whalen）帮我整理相关的研究材料。我还要特别感谢路德维克（Ludwik）和克雷斯蒂娜·迪乌尔迪克（Krystyna Dziurdzik）给予我的短暂却非常重要的帮助。谨以此书献给他们！

插图出处

a = above, b = below, l = left, r = right, t = top.

Agora Museum, Athens 47
akg-images/Peter Connolly 121; I–IV
akg-images/Erich Lessing 104
American School of Classical Studies at Athens 62t, 62b, 110t, 111, 112, 115, 116, 120
Antikensammlungen, Staatliche Museen zu Berlin 86, 103br
Archaeological Museum of Olympia 12
The Art Archive/Archaeological Museum, Istanbul, photo Dagli Orti 2
Ashmolean Museum, Oxford 41al, 55
Bibliothèque Nationale, Paris 16
British Museum, London 1, 6, 20, 30, 46, 48, 58, 69, 78, 79, 84, 85, 103, 109, 125; X
Peter Bull 20b
Cabinet des Médailles, Bibliothèque Nationale, Paris VIII, IX and XII
Mrs M. E. Cox from *The Parthenon and its Sculptures* by John Boardman, Thames & Hudson Ltd, 1985 123
École Française d'Athénes, reconstruction drawing after Fouilles de Delphes 10
after Gerhard, *Auserlesene Griechische Vasenbilder* 26
J. Paul Getty Museum, Malibu, California 76
after F. Krauss, 1943 118
Kunsthistorisches Museum, Vienna 54
Metropolitan Museum of Art, New York 21, 107
Musei e Gallerie Pontificie, Vatican XI
Museo Nazionale Archeologico, Taranto 75
Museo Nazionale, Ferrara VII
Museo Nazionale, Naples 60, 73; XIII
National Archaeological Museum, Athens 11, 74, 98, 105

插图出处

Nationalmuseet, Copenhagen 41ar
Norbert Schimmel Collection, New York 17
Virginia Museum, Richmond XIV

All other line drawings are by Rhiannon Adam